내 마음의 방은 몇 개인가

내 마음의 방은 몇 개인가

| 세상에서 가장 길고 먼 여행을 준비하는 청소년들에게 보내는 편지 |

손병일 지음

궁리
KungRee

이 책의 팔 할은 아버지 덕분에 나온 것이라고 말할 수 있겠다. 어릴 적부터 지겹게도 일기를 쓰라고 하셨던 아버지, 위인전과 명작동화 전집을 사주셨던 아버지, 이따금씩 일기 검사를 하시며 따끔하게 혼을 내셨던 아버지를 나는 많이도 원망했었다.

내가 시 쓰기의 즐거움을 알게 된 것은 아버지가 돌아가신 후부터였다. 이전에는 글짓기로 상을 타본 적이 한 번도 없었을 뿐 아니라, '시를 왜 읽는지 모르겠다'고 중얼거렸다. 아버지의 죽음을 겪은 이후 삶의 본질과 자아의 정체에 대해 고뇌하면서 나는 시의 세계에 빠져들었다. 시는 언어라는 벽돌로 차곡차곡 집을 짓는 일과 같았다. 말의 벽돌들이 층층이 쌓여가다가 한 채의 집으로 완성되는 순간의 기쁨과 성취감은 다른 무엇과도 바꿀 수 없는 것이었다. '언어와 생각으로 지어진 집'은 그 모습이 작든지 크든지 허술하든지 멋지든지 내게 큰 행복을 안겨주었다. 그래서 나는 시인이 될 수 없었는지도 모르겠다.

이 글도 역시 재미있게 썼다. 좋은 영화를 다시 보는 일도 즐거웠고, 무엇보다 힘든 터널을 지나고 있는 아이들에게 보여줄 수 있는 '언어의 집'을 짓는다는 일이 내게 즐거움과 함께 보람까지 얹어주었다.

제도교육이라는 급행열차는 아이들을 끝없이 무언가에 쫓기는 존재로, 일방적인 지시에 눌리는 존재로, 자기표현의 본능적인 욕구를 억압당하는 존재로 내몬다. 그 열차 위에서 힘이 약하고 마음이 지친 아이들은 생존을 위해 거짓말하는 법을 배우고, 열차에서 떨어지지 않기 위해 자기보다 약한 존재들을 밟고 버티는 법을 배우며, 그저 하루하루의 일상을 버텨내면서 삶에는 가치 있는 것이 아무것도 없고 지겨운 반복과 권태만이 있을 뿐이라는 사고에 익숙해지면서 부단히 자신을 속이는 기술을 배워갈 뿐이다.

지속적으로 자아를 깊숙이 파묻어버리고 삶 위로 두텁게 먼지만 쌓이게 만드는 교실에서 참된 자아를 찾아보라거나 한 번쯤 삶을 들여다보라고 요구하는 것은 아이들에겐 또 다른 고문이 될지도 모른다. 딱딱하게 굳어버린 아이들의 마음속으로 들어가려면 일단 즐거움이라는 사탕을 주어야 한다. 이 점에서 영화는 매우 유용한 소통수단이 된다.

내 딸을 비롯한 많은 아이들은 별일도 아닌 일에 자지러지게 웃을 때가 있는데, 나는 그게 일종의 '웃음 치료'라고 생각한다. 웃음이야말로 어깨를 짓누르는 성적과 공부와 학교제도라는 돌덩이들을 날려버리는 가장 강력한 무기가 아닌가. 그래, 웃자. 더 많이 웃자. 오직 웃는 마음으로 부딪쳐오는 장애물들을 치워가다 보면 어느덧 터널의 끝이 보일 것이다. 다만, 터널의 끝에서 뼈만 앙상하게 남은 자신의 영혼을 마주 보게 되는 일은 없어야 하겠다.

여기 영화 속에 '현실보다 더 현실 같은 이야기'들이 있다. 무수한 '나'가 웃고 울고 싸우고 고뇌하고 주저앉고 이겨내고 있다. 내가 한사코 외면하고 싶었던 못난 나도 있고, 고귀하고 아름다운 나도 있다. 우리가 겪는 고통 중 대부분은 자신의 모습을 있는 그대로 인정하지 않는 것에서 말미암는다고 생각한다. 영화 속에서 마주 보는 '못난 나'를 그대로 끌어안고, 여러 인물들 속에서 재발견한 '고귀하고 진실한 나'를 되살려낸다면 나의 영혼은 성큼성큼 성장할 것이다.

남도 나와 다르지 않은 법. 내 속에 있는 것처럼 다른 사람들 속에도 있는 못난 모습들을 그대로 인정해주고, 그 사람들이 지닌 소중하고 멋진 모습들에 초점을 맞출 수 있다면 더불어 가는 길이 한결 행복해질 것이다.

무시로, 생각날 때마다, 가능한 한 많이 웃자. 웃을 때마다 터널 안이 환해질 것이다. 어깨에 지고 있는 짐도 한결 가벼워질 것이다. 그리고 터널 끝에서 다른 사람의 짐도 들어줄 수 있을 만큼 튼실해진 나의 영혼이 기다리고 있을 것이다.

차례

○━━

왜 나를 알아야 하는가?

왜 나를 아는 게 중요할까? 그건 사람들이 겪는 불행 중 대부분이 자기 자신에 대한 무지에서 오기 때문일 것이다. 있는 그대로의 자신을 인정하지 않거나, 자기 속의 어두운 면들을 보지 못하는 사람은 대개 타인들과 불화하는 사람이다. 그런 사람은 그만큼 참된 자신에게서 멀리 떨어져 있다고 할 수 있다. 다른 사람과 불화하기 이전에 벌써 자기 자신과 불화하고 있는 것이다.

사랑하는 아들아. 기억나니? 많은 장점을 갖고 있지만 때로는 너의 '자기중심적'인 성격 때문에 내가 잔소리를 자주 했던 것 말이다. 너는 자주 자신이 잘못한 것을 인정하지 않았고 네 주장만 고집하곤 했었다. 난 그때마다 어떻게 네게 참된 자신의 모습을 보여줄 수 있을까 고민했다. 그러다가 너를 닮은 영화 속 주인공들을 생각해냈다.

영화 속에는 우리의 성격과 본성을 그대로 보여주는 캐릭터들이 정말로 많다. 수많은 영화들이 나와 너의 모습을 그대로 비춰주고 있었다. 그래서 나는 영화 속 주인공들이 살고 있는 스크린을 함께 보면서 너와 이야기를 나누려고 한다. 그럼 이제 시작해보자.

...

자기중심적인 사람은 자아가 강한가?

영화에 등장하는 인물 중에서 극을 흥미롭게 만드는 캐릭터는 누구일까? 관객들에게 영화를 재미있게 볼 수 있게 해주는 캐릭터는 '갈등을 일으키는 존재' 다. '트러블 메이커' 가 없다면 영화는 지루해질 것이고 관객들은 곧 싫증을 느낄 것이다. 영화 속에서 갈등을 만드는 사람의 캐릭터는 주로 '자기중심적인 사람' 이다. 자기의 생각과 감정, 또는 목표에만 사로잡혀서 수단과 방법을 가리지 않고 자기의 뜻만 이루려는 유형인데, 그들은 다른 사람의 생각과 감정에 대해서는 관심이 없거나 그냥 무시하는 사람들이다. 영화 속에서는 그런 사람들 때문에 우리가 영화를 즐겁게 보게 되지만, 정작 일상생활에서는 자기중심적인 사람들 때문에 많은 사람들이 불편을 겪고 불행에 빠지기도 한다.

그렇다면 과연 자기중심적인 사람들은 자아가 강할까? 정답은 '그렇지 않다' 이다. 자기중심적인 사람은 자아가 강한 사람도 아니고 자기를 아는 사람도 아니다. '다른 사람도 나와 다르지 않다' 는 것을 깨달을 수 있으려면 내가 어떤 사람인지를 알아야 하는데, 자기중심적인 사람은 자기의 바깥에서 자기를 들여다본 적이 없기 때문에 그런 깨달음을 얻기란 불가능한 일이다.

　그러니까 자기중심적인 사람은 자기를 모르는 만큼 타인을 모른다고 할 수 있는데, 그들의 가장 근본적인 문제는 모르면서 잘 안다고 생각한다는 것이다. 그와 같은 심리작용을 '인지적 왜곡(認知的 歪曲)'이라고 한다. 이 말은 '객관적인 사실과는 한참 동떨어진 곳에서 자기 나름대로 그릇되게 해석하는 것'을 뜻하는 심리학 용어다.

　사실 '자기중심성'은 누구나 갖고 있는 성격이기도 하다. 그러나 스스로의 말과 행동에서 자기중심적인 모습을 알아차릴 수 있는 사람은 곧 자기중심성을 벗어버리려고 노력하게 된다. 반면에 자기중심적인 사람은 자신이 그러하다는 사실을 모르기 때문에 계속해서 똑같이 말하고 행동해 다른 사람들에게 상처와 고통을 주게 되는 것이다.

· · ·

자기의 자아를 아는 만큼 타인의 자아가 보인다

영화 〈여선생 여제자〉에는 위태로울 정도로 자기중심적인 여교사가 등장한다. 근무 조건이 열악한 섬 초등학교에 근무하는 여미옥 선생님은 자신도 자주 지각을 하면서 학생들이 지각을 하면 여지없이 혼을 낸다. 또한 젊고 잘생긴 미술선생님이 경수네 집에서 하숙하고 있다는 사실을 알게 된 날, 무작정 그 집에 찾아가서는 밤늦은 시간까지 죽치고 기다릴 만큼 폐 끼치는 일에 대해 무감각한 사람이기도 하다.

　그리고 어머니와 단둘이 살고 있는 고미남이라는 여학생이 나온다. 미남이도 여선생님 못지않게 자기중심적인 아이였다. 선생님과 제자는 미술 선생님을 사이에 두고 사랑의 라이벌이 되어 무수한 갈

등과 사고를 겪다가 끝내 선생님이 사직서를 쓰게 된다.

마음을 비운 선생님은 미남의 어머니를 찾아가서 대화를 하다가 미남이가 2년 전에 아버지를 잃었다는 사실을 알게 된다. 그리고 아버지가 일찍 돌아가셨던 자신의 어린 시절과 미남의 지금 모습이 똑같다는 것을 깨닫는다. 자신도 초등학교 때 '선생님에게 시집가겠다.'는 글을 쓸 정도로 남자 담임선생님을 좋아했었다는 것을 기억해낸 선생님은 비로소 미남이를 온전히 이해하게 된다. 이처럼 타인에 대해서 참되게 이해한다는 것은 자신의 모습을 있는 그대로 인정할 때 가능한 일이다. 자신이 철저히 자기중심적이었음을 깨달은 선생님은 미남에게 찾아가 진심으로 사과를 한다. 그것을 계기로 나중에 교사와 제자는 화해를 하게 된다. 우리는 여미옥 선생님의 모습을 통해 다른 사람 속에서 내 모습을 발견함으로써 남도 나와 다르지 않음을 깨닫는 것이 공감과 화해의 지름길이라는 것을 배우게 된다.

...

어리석고 거짓된 나를 마주보다

나 역시도 여미옥 선생님처럼 뒤늦게 스스로의 '자기중심적인 모습'을 발견하고 크게 놀란 일이 있었다. 작년 학기 초 어느 토요일 전일제 자치활동 시간이었다. 나는 20년 만에 다시 보고 크게 감동받았던 〈사관과 신사〉라는 영화를 반 아이들에게 보여주기 위해 1교시에 학급회장선거와 클럽활동 조직을 다 끝내고 아이들을 멀티미디어실로 모이게 했다. 영화의 러닝타임이 길어서 2, 3, 4교시를 이어서 봐야 했기 때문이었다. 그런데 80년대에 만든 영화여서 그랬는지 아이들은 재미가 없었나 보다. 여기저기서 핸드폰을 켜거나 잡담을 하기도 했지만, 나는 끝까지 보면 매우 감동적인 영화라고 설득하며 상영을 강행했다. 영화가 한참 절정을 향해 가고 있을 때 벌써 끝난 다른 반 아이들이 밖에서 웅성거리는 소리가 들렸다. 아이들은 더욱 몸들이 달아서 안절부절못했다.

나는 3교시가 끝난 후 아이들을 멀티미디어실에 남겨놓고 잠시 교무실로 내려와 쉬었다. 4교시 종이 울리고 나서 다시 멀티미디어실로 돌아간 나는 깜짝 놀라고 말았다. 대부분의 아이들이 다른 반 아이들을 따라 집으로 돌아가 버렸고, 대여섯 명의 아이들만이 나를 기다리고 있었던 것이다. 남아 있던 아이들에게 영화가 끝났느냐고 물어보니 모두들 다 끝났다고 대답했다. 아이들이 도망간 것도 놀랄 일이었지만, 영화가 다 끝났다고 대답하는 모습에 나는 더 놀라고 말았다. 그 영화가 끝나려면 아직 30분이나 더 남았다는 걸 누구보다 더 내가 잘 알고 있었기 때문이었다.

그날 밤 내내 나는 잠을 이루지 못했다. 영화를 보다가 도망친 녀석들은 왜 월요일에 선생님의 꾸중을 들을 거라는 생각을 하지 못했을까? 자기들 마음대로 영화를 끝으로 돌려서 보면 선생님이 속을 거라고 생각할 만큼 왜 그렇게들 어리석었던 걸까? 이 녀석들과 일년을 어떻게 보내야 하나? 그런 고민을 하며 밤새도록 아이들을 분석한 결과, 나는 우리 반의 집단의식이 어리석고 거짓되기 때문이라고 결론을 내렸다. 그리고 밖으로 나타나지 않은 우리 반 아이들의 집단 무의식은 노예의 마음일 거라고 생각하게 됐다. 주인이 있을 때만 열심히 일하고 주인이 없을 때는 대충 시간만 때우거나 도망가는 모습이 똑같았던 것이다. 물론 아이들 잘못만은 아니었다. 아이들을 끝도 없이 억압하는 우리의 제도교육이 아이들을 그렇게 만드는 셈이었으니까. 그러나 집단적으로 나를 속이려고 한 것만큼은 용서할 수가 없었다.

사실은 〈사관과 신사〉라는 영화를 통해서 나는 '이쪽의 입장에서 저쪽의 입장으로 건너가게 되는 것'에 대해서 아이들에게 가르쳐주려고 했었다. 그런데 그 감동적인 엔딩 장면을 한 명도 보지 않고 도망쳐버렸다는 그 사실이 나를 더 화나게 했다. 아이러니였다. 이쪽에서 저쪽으로 건너가는 법에 대해서 가르쳐주려고 했는데, 그로 인해서 나와 아이들 사이에 건널 수 없는 강이 생겨버렸으니까. 나는 도무지 용서할 수 없는 아이들의 입장 쪽으로 건너가야만 했다. 밤새도록 고민을 했던 건 머리로는 건너가야 한다는 것을 알고 있었지만 가슴으로는 건너가지지 않는 내 자신의 한계 때문이었다.

뜬눈으로 밤을 샌 다음 날엔 몸과 마음이 물에 젖은 솜처럼 무거웠다. 가슴 속에서 이 어리석고 거짓된 녀석들의 못된 버릇을 단단히 혼내주리라는 마음이 끝없이 솟아올라왔다. 생각을 정리해야겠다고 마음먹고 컴퓨터 앞에 앉았다. 글을 쓰다가 우연히 일기 폴더에서 〈어리석고 거짓된〉이라는 제목의 글을 본 순간 나는 온몸이 얼어붙는 것 같았다. 그 글을 읽고 '아이들의 모습이 그대로 내 모습이었다'는 것을 깨닫게 된 나는 비로소 아이들의 입장 쪽으로 건너갈 수가 있었다. 그 일기 내용이 뭐였냐고? 아버가 밝히고 싶지 않은 이야기를 꼭 알아야겠니? 그건 하나님 앞에서 늘 똑같은 잘못을 반복해서 저지르던 내 모습을 뼈저리게 반성하는 글이었다.

다음 날 아이들에게 '나도 나의 입장에서 너희들의 입장으로 건너가려고 한다. 왜 그랬는지 너희들의 입장을 나에게 말해준다면 내가 듣고 너희들 쪽으로 건너가보겠다. 설득당할 준비가 되어 있으니 나를 설득해보라'고 말했다. 설득할 말들이 없자 몇몇 아이들이 '잘못했다'고 말했다. 나는 '그 말이 내가 듣고 싶은 말이었다. 자기의 입장을 설득할 수 없을 때는 잘못했다고 말할 수 있는 게 가장 현명한 모습이다.'라고 말해주었다. 그날 아이들은 '잘못했다'는 말을 했던 아이들 덕분에 벌을 받는 대신 대청소를 했다.

그 사건이 있었던 날 우리 반 아이들의 행동은 인지적 왜곡의 대표적인 유형인 '지나친 일반화(overgeneralization)'에 해당하는 것이었다. 지나친 일반화는 '한두 가지의 사건을 보고서 그것이 세상의 원리를 설명해주는 것이라고 지나치게 확대 해석하는 것'을 뜻하는 심리학 용어다. 토요일 전일제 수업은 4교시까지 해야 하는데도 먼저 끝난 옆반 아이들의 모습을 보자, 판단력을 잃은 아이들은 모든 반이 끝났을 거라고 일반화하고는 앞뒤 안 가리고 멀티미디어실을 나가버렸던 것이다.

...

나는 세상의 중심인가?

어쩌면 거의 모든 영화가 '자아 찾기'라는 주제를 다룬다고 볼 수 있다. 그것은 그만큼 우리가 자기 자신의 참 모습을 제대로 알지 못하며 살아가고 있다는 사실을 말해주는 게 아닐까? 실제로 자신의 모습을 잘 몰랐던 주인공이 누군가와 만나거나 넘어서기 힘든 고통을 경험하면서 참된 자아를 발견해가는 이야기에서 벗어나는 영화는 그리 많지 않다.

애니메이션의 걸작인 〈토이 스토리〉가 공전의 인기를 끈 것은 이 영화가 자아의 정체성 찾기라는 주제를 탁월하게 보여주었기 때문이다. 영화의 두 주인공인 우디와 버즈는 서로 다른 이유로 정체성의 혼란을 겪는다. 우디는 주인으로부터 '최고의 사랑을 받는 장난감'이라는 자아 정체성을 갖고 있었다. 자기의 존재가 최고의 가치를 가지며 자신이 세상의 중심이라는 정체성은 큰 자부심을 갖게 해주는 것인 만큼 큰 위험을 안고 있기도 했다. 우디는 한참 아이들 사이에서 유행하던 '우주 전사 버즈'라는 장난감이 집으로 배달된 후부터 자기중심성이라는 무대에서 내려와야 하는 처지가 된다. 더 이상 중요하지 않은 존재가 되어버린 것이다.

한편 버즈는 존재의 뿌리와도 같은 자신에 대한 신념이 흔들리는 고통을 겪는다. 자신을 '우주 전사 버즈 라이트 이어'라고 굳게 믿고 있었을 때 버즈는 장난감을 초월한 존재였다. 그는 자신의 의식 속에서 우주의 평화를 위해 싸우는 아주 특별한 존재였다. 그러나 자신이 다른 친구들처럼 한낱 장난감에 지나지 않는 존재라는 사실을 깨달은 후에는 감당할 수 없는 절망감에 빠지고 만다.

두 주인공은 극심한 정체감의 혼란을 어떻게 극복하게 될까? 먼저 우디는 버즈와 힘을 합쳐 위기에서 벗어난 후, 최고가 되는 것보다 참되게 하나가 되는 것이 더 소중하고 행복한 일이라는 것을 깨닫는다. 또한 세상은 나를 중심으로 도는 것이 아니라는 것도 알게 된다. 더불어 사랑하고 함께 사랑받는 관계가 참된 관계라는 것을 깨닫는다.

버즈는 우디보다 더 심한 혼란을 느꼈을 것이다. 초월자라는 가장 높은 곳에서 피조물이라는 낮은 곳으로 내려와야 했으니까. 그러나 그 밑바닥에서 버즈는 자신을 있는 그대로 인정하게 되고 장난감 그대로 소중한 존재임을 깨닫는다. 버즈도 우디와 함께 고통을 겪으면서 보잘것없고 쓸모없어 보이는 장난감조차 도움을 주고받을 수 있는 소중한 존재라는 걸 배우게 된다. 그 경험을 통해서 버즈는 남도 나와 다르지 않은 존재라는 걸 알게 되었고, 스스로 무수한 장난감 중 하나로 낮아질 수 있었던 것이다. 버즈는 낮아진 그곳에서 비로소 타인들과 참되게 하나가 될 수 있었다.

...

성격검사가 준 자유

몇 년 전 나는 반 아이들의 성격과 진로 지도를 위해서 『너의 꿈은 무슨 색깔이니?』라는 책을 샀다. 그런데 그 책을 통해서 정작 내 자신이 큰 도움을 받게 됐다. 나는 16개의 성격 중에서 이상형에 해당됐는데, 책에 기록된 이상형의 특징이 나와 너무 똑같아서 놀라지 않을 수 없었다. 영화 속에서 내 성격과 닮은 인물은 〈와이키키 브라더스〉의 주인공인 성우였다. 성우가 뮤지션을 꿈꾸며 열정을 불태웠던 것처럼 나도 시인을 꿈꾸며 시에 열정을 쏟았던 시기가 있었다. 그리고 성우가 쇠락한 밴드의 운명과 함께 무기력하게 지냈던 것처럼 나도 쉽게 낙담하고 자포자기하곤 했다. 자책감과 수치심은 영성 지수가 가장 낮은 감정이기 때문에 한 번 그런 감정에 빠져들면 벗어나기가 무척 힘들었다.

그러던 나는 그 책에서 '이상형이 빠질 수 있는 함정과 대책'이라는 글을 읽고 나서 눈이 새롭게 열리는 것을 느꼈다. 그런 모습들이 내 성격의 장점의 뒷면이었음을 알게 됐기 때문이다. 완벽한 이상주의자였던 나는 어떤 목표가 생기면 모든 것을 쏟아부으며 전력을 다하는 반면, 스스로 세운 목표에 도달하지 못했을 때는 너무도 쉽게 낙심하고 절망하는 성격의 함정을 갖고 있었던 것이다.

이전에는 내가 왜 자책감을 갖게 되고 자신을 부끄러워하는지 이유도 모른 채 고통스러운 시간을 보내야 했었다. 모든 목표가 그렇듯 내가 세운 목표도 늘 도달할 수 없는 곳에 설정되어 있었다. 따라서 나는 목표를 향해서 열정을 불태울 수 있었지만, 꼭 그만큼 자책감과 무력감을 느껴야만 했다. 나는 나도 모르는 중에 '완벽하지 못하면 쓸모없는 존재'라는 극단적인 생각에 지배당하고 있었던 것이다. 그러나 뜨거운 열정과 무력감, 그것은 내 성격의 동전의 양면이었고 있는 그대로의 나였다. 그 사실을 깨닫고 난 후부터 나는 내가 도달할 수 있는 현실적인 목표를 세우도록 노력했고, 목표에 집착하지 않게 되었다. 때로는 집착하기도 했지만 곧 '내가 집착하고 있구나', '또 성격 나오는 구나'라는 생각을 할 수 있게 됐고 예전처럼 자책감에 빠지지 않을 수 있었다.

이처럼 나를 안다는 것은 새장 속에 갇혀 있던 마음에게 새장을 열 수 있는 열쇠를 주는 일과 같다. 일단 새장 밖으로 나오면 하늘을 훨훨 날아다닐 수 있게 된다. 참된 자신의 모습에 눈을 뜨게 되면, 강 건너의 마을처럼 마음의 거리가 멀었던 친구에게도 가 닿을 수 있는 징검다리가 생기게 된다. 나를 더 알게 되는 만큼 그 친구도 더 알게 되고, 마음속에 징검다리가 하나씩 더 늘어나면서 머지않아 서로의 마음이 만나게 되는 것이다.

나는 네가 부지런히 자신과 대화하는 사람이 되기를 바란다. 타인에 대한 참된 이해를 원한다면 먼저 자신과의 대화의 문을 열어야 한다. 자신을 받아들이지 못하는 사람은 다른 사람도 받아들이지 못하고, 스스로에게 친절하지 못한 사람은 다른 사람에게도 친절할 수 없기 때문이다. 따라서 자기 자신에 대한 공부는 평생 게을리 하지 말아야 한다.

그런데 네 자신에 대한 공부를 어떻게 해야 할지 잘 모르겠지? 그래서 내가 너와 함께 네 마음속으로 여행을 떠나려고 한단다. 너, 떠날 준비 됐니?

내면의 골방, 그 어둠 속으로

우리가 살고 있는 사회에서도 그렇지만 개인의 삶에서 때로 중요한 일들은 골방에서 일어난다. 원래 골방은 지치고 힘들 때 아무도 모르게 숨어들어가는 방이었는데, 이제는 도시의 어느 집에서도 골방을 찾을 수 없게 되었다. 밖에서도 흰히 들여다보이는 베란다가 있거나, 간혹 온갖 잡동사니로 가득 찬 창고가 있을 뿐이다. 그러나 누구나 자신의 내면 깊은 곳에 골방을 갖고 있다. 그곳에는 불행과 고통, 욕망과 이기심, 분노와 죄책감들이 살고 있다. 골방은 우리의 그림자가 살고 있는 곳이면서 에너지로 가득 차 있는 곳이기도 하다. 골방에서 재충전하지 못하는 사람의 내면은 골병이 들게 되어 있다. 발 디딜 데 없이 먼지만 수북이 쌓여 있는 곳이지만 우리는 그곳으로 찾아들어가야 한다. 자, 이제 어두운 지하로 들어가 골방에서 일어나는 일들을 들여다보자. 추하기도 하고 악하기도 한 나의 내면을 눈 크게 뜨고 바라보자. 그들이 나의 그림자였고 나의 뒷모습이었음을 깨달으며 무릎을 치게 될 것이다. 내게서 결코 떨어질 수 없는 그림자 같은, 내 몸의 살 같은 것이었음을, 그것들이 바로 나였음을 인정하는 순간을 맞을 수 있다면 길은 이미 열린 것이다.

1

불행이 도사리고 있는
지하로 내려가기

불행은 어떻게 오는가?

자, 이제 출발이다. 우리는 지금 골방으로 가기 위해 네 가슴 속의 지하로 통하는 계단 앞에 서 있다. 별로 가고 싶지 않다고? 네가 어둠을 얼마나 싫어하는 줄 알지 않냐고? 싫어하는 게 아니라 무서워하는 거겠지. 그런데 두려움은 그 실체를 모를 때 가장 강하다는 거 알고 있니? 일단 두려움을 주는 존재가 무엇이었는지 알게 되면 그 두려움은 한결 가벼워지거나 더 이상 두렵지 않은 존재가 된다. 사실은 아버지가 더 불안하다고? 음, 그건 조금 일리가 있는 말이긴 하다만 여기서는 네가 그동안 보았던 아버지의 모습과는 아주 다른 모습을 보게 될 것이다. 왜냐하면 아버지는 위험한 상황에서 비로소 존재의 진가가 나오는 법이란다.

계단을 내려갈수록 빛들이 어둠에 밀려 점점 사라지고 있다. 지하

25

로 내려오니 앞이 캄캄하지? 조심해라. 걸어가다가 뭔가에 걸려 넘어질 수 있으니까. 쾅당! 거봐라. 조심하라고 했잖니? 넌 항상 그렇게 조심성이 없어서 엄마한테 늘 혼났었다. 하여튼 왜 그렇게…… 어이쿠! 나도 넘어져버렸다. 우리는 왜 이렇게 닮은 걸까? 그건 그렇고 우선 이 이야기부터 해보자.

그래, 불행은 이렇게 보이지 않는 곳에서 느닷없이 나타나는 녀석이다. 그리고 삶의 발목을 걸어 넘어뜨려서 쉽게 혼란에 빠뜨린다. 살짝 넘어졌을 땐 툭툭 털고 일어나면 되지만, 어떤 불행은 약으로도 치료할 수 없는 큰 상처를 주기도 한다. 그럴 땐 나을 때까지 고통을 참으며 기다리는 수밖에 없다.

너도 다시 앉아 보려무나. 우리 한 번 생각해보자. 사람은 왜 불행을 겪을까? 불행은 어떻게 우리를 찾아올까? 먼저 온갖 불행이 들어 있었다는 '판도라의 상자'부터 떠올려보자. 판도라가 누군지는 네가 나보다 더 잘 알고 있을 것이다. 네가 수도 없이 읽었던 그리스 신화에 나오는 그 판도라니까.

그 상자는 원래 판도라의 남편이었던 에피메테우스가 갖고 있던 것이었다. 에피메테우스는 인간에게 불행을 가져다주는 시기와 질투, 증오, 원망, 분노 등을 상자 속에 꼭꼭 숨겨두고 있었는데, 판도라가 상자를 열어서 아무 근심 없이 살고 있던 인류에게 대재앙을 가져다주었다고 한다. 과연 판도라가 상자를 열지 않았더라면 우리는 지금 행복하게 살고 있을까? 그래, 이건 신화일 뿐이다. 그러나 이 이야기는 인간의 내면에 자리잡고 있는 어두운 모습들을 자각하게 해주는 힘을 갖고 있다. 그렇기 때문에 수천 년이 지난 오늘날까지 생명력을 갖고 전해지는 것이다. 나는 네가 마음속에 있는 어둠에 대해서 먼저 눈을 뜨고 통찰하기를 바란다. 그래야만 그것들을 통제할 수 있는 능력을 배울 수 있기 때문이다.

그럼 지금부터 불행이 어떻게 오는지 함께 연구해 보자. 불행이 오는 길을 볼 수 있다면 피할 수 있는 길도 찾을 수 있을 테니까. 먼저 내가 몇 해 전에 겪었던 사고를 통해서 불행이 어떻게 찾아왔는지를 분석해 보는 게 큰 도움이 될 거라고 생각한다.

불행이 오는 법칙, 퍼즐 맞추기

몇 해 전 겨울, 12월이 이틀 남은 날 아침이었다. 졸업식 날이어서 한 시간 정도 여유가 있었기 때문에 평소보다 늦잠을 자고 있었는데 전화벨이 울렸다. 먼저 출근하려던 네 어머니가 202호 집 차 때문에 우리차를 뺄 수 없다고 했다. 그 순간 '202호 아저씨가 또 외박을 한 모양이구나'라는 생각이 들었다. 달콤한 늦잠을 빼앗긴 나는 불만이 가득 찬 얼굴로 늑장을 부리며 나갔다. 나가보니 202호 아주머니가 난감한 표정을 지으며 차에 막 타려 하고 있었다. 상황이 아주 좋지 않았다. 202호 옆에 주차되어 있던 차가 덩치가 큰 데다 벽 쪽으로 바짝 붙여 대지 않았기 때문에 202호 차가 빠져나올 수 있는 공간이 평소보다 훨씬 적었던 것이다. 뒤쪽에는 골목의 벽모서리가 버티고 있었고, 그 옆에 염화칼슘 부대가 쌓여 있었기 때문에 상황은 그야말로 최악이었다. 첫눈에 초보운전자인 아주머니가 차를 뺄 수 있는 상황이 아니라는 걸 알 수 있었다.

잠시 망설이던 내가 '제가 빼드릴 게요'라고 말을 하려던 순간 아주머니가 차에 올라탔다. 그 짧은 순간이 엄청난 사고의 기로였다는 걸 그때는 아무도 몰랐었다. 나는 재빨리 '그래, 아주머니가 해보다가 안 되면 내가 도와주지 뭐'라고 생각을 고쳐먹었던 것이다. 그때 차가 후진해야 할 길이 내리막길이었다는 사실에 주의를 기울이지 않았던 것이 결정적인 잘못이었다.

아주머니가 조심스럽게 차를 빼는 동안 나는 뒤에서 손짓을 하며 도와드렸다. 생각보다 차 꽁무니가 잘 빠져나왔다. 평소의 상황이었으면 바로 'ㄴ'자로 빠져나올 수 있었다. 그런데 벽 옆에 있던 염화칼슘이 문제였다. 차에 딱 걸려 넘어질 모양새였다. 염화칼슘이 좀 쓰러져도 그냥 차를 빼게 할까도 생각했지만, 나는 어리석게도 아주머니에게 다시 전진했다가 후진하라는 신호를 보냈던 것이다. 다시 앞으로 차를 몰던 아주머니가 어중간한 지점에서 나에게 대신 차를 빼달라고 부탁을 해왔다. 워낙 덩치가 큰 차여서 앞 공간이 잘 안 보였던 모양이다. 내가 그러겠다고 말하자, 초보운전자가 모두들 그렇듯 긴장된 상황에서 속히 벗어나고 싶었던 202호 아주머니는 내리막길에서 결코 해서는 안 될 실수를 저지르며 차에서 내렸다. 주차 브레이크를 올리지 않고 내렸던 것이다. 아주머니가 내리는 것과 동시에 차가 뒤로 밀리기 시작했다. 처음엔 아주 천천히 밀렸기 때문에 아주머니가 무사히 내릴 수 있었지만 열어놓은 차문이 문제였다. 차의 속도가 빨라지면서 차문이 아주머니를 덮쳤고 내 손이 나도 모르게 그 차문을 붙들고 있었다. 무거운 차는 점점 가속도를 내며 뒤로 미끄러졌고, 그 후에는 아주머니도 나도 제정신이 아니었다. 울부짖는 네 어머니와 너희들의 외침 속에서 아주머니가 앞바퀴에 깔리는 것과 동시에 차문과 벽 모서리 사이에 내 오른손 엄지손가락이 끼어버렸다. 깡마른 아주머니는 벌써 마른 볏단처럼 뒤로 넘어진 상태였다.

그 짧은 순간에 손을 빼야 하나 말아야 하나 하는 고민을 몇 차례나 할 수 있었다니…… 나는 아주머니를 보호하는 쪽으로 선택을 했고 내 엄지손가락이 차문을 잠시 지지하는 동안 아주머니가 가까스로 몸을 피했다. 벽에 걸린 차문이 찢어지면서 차는 아주머니의 다리를 밟고 지나간 후에 내리막길 한쪽에 쌓여 있던 모래더미 속으로 처박혀버렸다. 내 엄지손가락은 손톱이 모두 찢어져 없어진 채 마구 피가 났다.

아주머니는 두 달 후에 퇴원을 했고, 내 손톱도 아물었지만, 지금도 그 순간을 떠올리면 아찔한 현기증이 일어난다. 생각할수록 그 사고는 하나의 완벽한 퍼즐 맞추기였다. 이런 조각들로 짜맞추어진 퍼즐이었다.

+ 첫 번째 조각 : 술 마시고 외박한 남편
+ 두 번째 조각 : 옆의 차를 배려하지 않고 주차한 차주
+ 세 번째 조각 : 염화칼슘을 적절하지 않은 곳에 쌓아놓은 동사무소 직원
+ 네 번째 조각 : 내리막길에서 핸드브레이크를 올리지 않고 내린 202호 아주머니
+ 다섯 번째 조각 : 초보운전자 도와주는 일을 귀찮아한 나

그 사고는 여러 퍼즐 조각 중에서 하나만 맞지 않았더라도 일어나지

않을 수 있었던 사고였다.

거짓말 같은 기적

반면에 영화 〈인생은 아름다워〉에서는 나치 수용소에서 아들의 죽음을 막은 아버지가 나온다. 귀도라는 유대인은 나치 수용소에서 어린 아들에게 이 모든 게 전쟁놀이라고 말하며 마치 게임인 것처럼 연출을 했다. 나치가 모든 포로들을 죽이고 철수하려고 했던 날, 귀도는 아들에게 빈 나무 상자 속에 끝까지 숨어 있으면 1000점을 얻어서 탱크를 상으로 받게 된다고 거짓말을 했는데, 어린 아들은 아버지의 말을 그대로 믿고 따랐다.

아버지는 군인들에게 끌려 다닐 때마다 아들이 숨어서 보고 있는 곳에서는 마치 장난을 하는 것처럼 팔과 다리를 크게 흔들며 걸었다. 그걸 보면서 아들은 더 재미있게 게임에 열중할 수 있었다. 아버지는 처형을 당하러 가는 순간에도 아들을 위해 코믹하게 걸어가는 모습을 보여주는데 정말 코끝이 시큰해졌다. 결국 아들은 끝까지 나무 상자 속에 숨어 있다가 연합군에게 구원을 받게 된다.

영화 〈내 머리 속의 지우개〉에서는 가족들의 뜨거운 사랑으로 치매에 걸린 여자의 기억을 되살려내는 이야기가 나온다. 결혼한 지 얼마 되지 않은 수진에게 어느 날 치명적인 질병이 찾아와 모든 기억을 삭제해 버렸다. 수진의 생명이 얼마 남지 않았을 때 수진에게 마지막으로 기억을 돌려주기 위해서 그녀를 사랑하는 사람들이 우연을 가장한 연출을 한다.

내 마음의 방은
몇 개인가

먼저 남편 철수는 수진과 처음 만난 장소인 편의점으로 수진을 데리고 간다. 편의점으로 들어간 수진은 손님처럼 서 있는 어머니와 여동생과 마주치고, 음료수 진열점 앞에서 돌아서는 시어머니를 본 후, 편의점 주인이 되어 있는 아버지를 만나게 된다. 이 모든 사람들의 사랑이 합쳐졌을 때 수진의 기억은 마지막 불꽃처럼 되살아난다. 그리고 그 기억은 사랑하는 사람과 마지막 행복을 누릴 수 있는 시간을 갖게 해주었다. 무엇보다도 철수는 수진에게 한 번도 말하지 못했던 '사랑한다'는 말을 해줄 수 있었다.

영성지수 15%가 지구를 살린다

데이비드 호킨스 박사가 사람의 의식 수준을 수치로 나타낸 영성지수라는 게 있다. 20에서 1000까지 구분했는데, 가장 낮은 20이 무엇일까? 그건 바로 수치심이다. 그 다음이 죄의식(30), 무기력(50) 순이다. 슬픔(75), 두려움(100), 욕망(125), 분노(150), 자존심(175) 등 200 이하의 영성들이 바로 우리의 골방 속에서 살고 있는 것들인데, 네가 곧 만나게 될 본성들이기도 하다.

영성지수가 200 이상이 될 때 비로소 세상에 보탬이 되는 존재라고 보는데, 그 기준이 용기(200)라는 건 참 의외다. 용기라는 건 사람이 사람답게 살기 위한 출발점과 같은 거라는 뜻인가 보다. 그 다음이 중용(250)과 자발성(310)이다. 조건 없이 베푸는 사랑(500)보다 높은 것은 뭘까? 바로 기쁨(540)과 평화(600)다. 그리고 마지막이 깨달음(700-1000)이다. 그런데 호킨스 박사는 영성지수가 200 이상 되는 사람들이 놀랍게도 15%만 있어도 그 사람들의 밝고 긍정적인 에너지

덕분에 우리가 사는 세상이 살 만한 곳이 될 수가 있다고 말한다.

나는 차 사고를 겪은 후 호킨스 박사의 주장에 전적으로 동감하게 됐다. 내가 초보운전 아주머니를 배려해서 자발성(310)을 보였다면 그 끔찍한 사고를 막을 수 있었을텐데. 또는 다른 사람들 중에서 한 사람이라도 포용(350—제대로 주차하지 않은 차주)이나 이성(400—동사무소 직원), 또는 사랑(500—202호 남편)을 보여주었어도 그 사고는 일어나지 않았을 것이다.

불행도 힘들게 온다

몇 년 전 신문에서 읽었던 불행한 사건이 생각난다. 서울에 사는 최모라는 남자는 허구한 날 술만 퍼마셨는데, 어느 날 '술 좀 그만 마시고 정신 차리라'는 어머니의 꾸지람을 듣다가 화가 나서 어머니를 마구 두들겨 패고 집에 불까지 질렀다. 불길이 번지자 겁이 난 남자는 자기만 살겠다고 도망을 쳤는데, 그 사실을 모르고 있던 어머니가 자기 아들 살려달라고 애원하는 통에 불 속으로 뛰어들어갔던 소방관 6명이 건물이 무너져서 목숨을 잃었다는 분통 터지는 기사였다. 이 사건은 저급한 영성지수가 합쳐지면 몇 배의 불행한 결과가 생겨난다는 사실을 깨닫게 해주었다. 무기력과 분노에 사로잡혀 있던 아들과 수치심과 두려움에 갇혀 있던 어머니의 무분별한 행동이 고귀한 소방관들의 생명을 앗아간 것이었으니까 말이다.

나는 판도라의 상자에서 빠져나온 불행도 어디로 가야 할지를 몰라 방황하고 있다는 것을 자주 경험하곤 했다. 불행은 차라리 상자 속으로 다시 들어가고 싶어하는데, 사람들이 고집스럽게 붙잡고 늘어져서 자신과 타인의 삶을 파괴하고 있는 건지도 모르겠다.

이처럼 어렵게 얽혀 있는 불행, 이 불행을 끊어버리는 일은 실제로 그렇게 많은 수고를 필요로 하지 않는다. 우리 한 사람의 사랑이나 포용, 자발성, 용기 중 하나만 있어도 충분하다. 물론 〈인생은 아름다워〉처럼 나치 수용소에서 아들을 구원하는 기적 같은 일들을 쉽게 만들 수는 없다. 하지만 분명한 것은 오늘도 우리 중 누군가의 사소해 보이는 배려나 용기와 사랑이 앞에서 이야기한 교통사고와 같이 힘들게 오고 있는 불행, 지상에 내려앉지 않으려고 안간힘을 쓰고 있는 불행을 저 하늘 너머로 날려 보내는 씨앗이 된다는 것이다.

2

불행과 고통에 어떤 의미를 부여할까?

불행이 어떻게 오는가를 알아보고 나니 어둠 속에서도 납작하게 엎드려 있는 불행들이 보이는 것 같지 않니? 그래, 조심 또 조심하면서 골방으로 가보자. 드디어 문 앞에 도착했다. 그럼 문을 열고 들어가자.

아직 골방 속에 있는 것들이 희미하기만 할 뿐 잘 보이지 않는다. 아니? 이런! 한쪽 벽에 또 하나의 문이 있다. 가만! 뭐라고 쓰여 있는 것 같다. 네가 손끝으로 더듬어서 무슨 글자인지 알아보려무나. 뭐라고? '고통'이라고? 그래, 이 문은 고통의 문이었다. 그럼 우리가 여기서 해야 할 일은 무엇일까? 그래, 잠시 '고통의 뜻'에 대해 생각해보자. 지금 이 순간에도 세상에 온통 널려 있는 고통들, 우리 삶의 길 곳곳에서도 기다리고 있을 고통들, 이 고통의 뜻을 알아보도록 하자. 별로 알고 싶지 않다고? 고통은 무조건 싫다고? 그래도 저 문으로 들어가야 하는데……. 고통이 싫건 좋건 반드시 우리에게 찾아오는 것이니 그 뜻은 알아야 하지 않겠니?

같은 고통, 다른 결과

'고통'에 대해서 생각하려 하니 먼저 떠오르는 이야기가 하나 있다. 불우한 가정환경에서 자란 두 자매에 대한 이야기다. 알코올 중독자였던 아버지는 어렸을 적에 병으로 돌아가셨고 어머니가 홀로 자매를 키우셨는데, 그 어머니 역시 삶이 그리 온전한 분이 아니었다. 그런데 놀라운 것은 술을 팔면서 여러 남자와 무분별한 관계를 가졌던 어머니 밑에서 자란 두 자매가 성장한 후에는 전혀 다른 길을 걸어갔다는 사실이다.

큰 딸은 어머니의 모습을 반면교사로 삼고 반듯하게 생활하다가 성실한 남자를 만나서 따뜻한 가정을 이루고 헌신적으로 자녀를 기르는 어머니가 된 반면, 작은 딸은 술집에서 몸을 팔며 하루하루를 연명하는 어머니와 똑같은 삶을 살고 있었다. 두 자매의 다른 모습을 보고 의아해했던 목사님이 큰 딸에게 '어떻게 어머니와 전혀 다른 삶을 살고 있느냐?'고 물었다. 그러자 큰 딸은 '그럼, 내가 어떻게 어머니처럼 살 수 있었겠어요?'라고 대답했다고 한다. 이번엔 목사님이 작은 딸에게 '어떻게 어머니와 같은 삶을 살고 있느냐?'고 물었더니, 작은 딸의 대답 또한 '그럼, 내가 어떻게 어머니와 다르게 살 수 있었겠느냐?'였다고 했다. 이 이야기를 들으면서 사람은 똑같은 고통을 겪어도 고통에 맞서는 자세에 따라 전혀 다른 존재가 된다는 사실을 알게 된다.

나의 고통과 타인의 고통

너는 때로 이런 생각을 해본 적이 있을 것이다.

"왜 나만 이렇게 힘든 고통을 겪으며 살고 있는 걸까?"

그러나 나 아닌 다른 사람들도 고통과 함께 인생이라는 길을 걸어 간다. 부자든지 가난한 사람이든지, 많이 배운 사람이든지 못 배운 사람이든지, 잘 생긴 사람이든지 못 생긴 사람이든지 누구나 고통을 갖고 있다. 크거나 작은 차이가 있을 뿐이다.

그런데 사람들 중에는 다른 사람에 비해서 유난히 큰 고통을 겪는 사람들이 있다. 나는 10여 년 동안 교직생활을 하면서 삼십여 명이 생활하는 한 교실에서도 어떤 학생은 다른 학생이 상상할 수도 없는 고통 속에서 살고 있는 걸 많이 봐왔다. 이처럼 우리는 서로 간에 고통의 크기가 다르다는 것을 객관적으로 알고 있지만, 과연 그렇게 느낄 수도 있을까? 그건 성자가 아닌 우리 같은 보통 사람들에게는 사실상 불가능한 일이다. 타인의 고통이 아무리 심할지라도 내가 나의 육체 속에서 느끼는 고통보다는 크게 다가올 수가 없기 때문이다. 그게 육체를 빌려 입고 살고 있는 우리의 한계이자 현실이다.

실명의 고통 속에서만 피어나는 사랑

영화 〈야수와 미녀〉에는 고통이 우리에게 주는 의미를 찾을 수 있는 이야기가 나온다. 주인공인 해주는 아름다운 외모를 갖고 있지만 어렸을 때 눈이 먼 장님이다. 어느 날 해주는 못 생긴 '동건'이라는 청년의 차를 택시인 줄 알고 타게 된다. 이 우연한 사건을 계기로 두 사람은 연인이 된다.

야수처럼 못생긴 남자와 아름다운 여자를 맺어준 것은 무엇이었을까? 게다가 그 남자는 직업도 변변찮은 무명 라디오 성우였는데. 두 사람을 엮어준 것은 실명이라는 미녀의 고통이었다. 동건은 헌신적으로 해주의 손발이 되어 해주가 세상을 느낄 수 있도록 도와준다.

그러다가 각막을 기증할 사람이 나타나서 해주가 눈을 뜨게 된다. 그러자 동건은 이제 더 이상 해주의 눈이 될 수 없는 존재, 곧 의미를 상실한 존재로 전락하고 만다. 이제 볼 수 있게 된 해주에게 벌거벗은 치부를 드러내듯 자신의 못생긴 얼굴을 보여주는 일밖에 남은 게 없어진 동건은 해주가 자신의 집으로 찾아왔을 때 자신을 직장 친구인 정석이라고 속인다. 그리고 '동건이는 하와이로 갔다'고 거짓말을 한다.

그러던 중 해주는 검사인 준하를 우연히 만난다. 그는 동건의 고등학교 친구였다. 해주는 첫눈에 반한 준하에게서 집요한 구애를 받지만 그의 마음을 받아들이지 않는다. 이렇듯 해주는 동건을 잊지 못하는데, 동건은 끝내 해주에게 자신의 못생긴 얼굴을 보여주지 못한다. 괴로워하던 동건은 결국 해주를 준하와 맺어주기로 결심하고 준하를 도와주기까지 한다. 모든 것을 포기하고 하와이로 떠나던 날, 동건은 입국 심사대에서 마주친 해주에게 자신의 정체를 들켜버린다. 모든 사실을 알게 된 해주는 자신을 철저히 속였던 동건에게 실망해 매몰차게 돌아선다.

준하는 그 기회를 이용하여 해주의 마음을 얻으려고 노력하지만 결국 해주가 사랑하는 사람은 동건임을 깨닫고 해주에 대한 사랑을 포기한다. 이번엔 준하가 동건을 도와주게 된다. 준하가 동건을 찾아가 해주가 다시 장님이 됐다고 거짓말을 한 것이다. 해주에게 달려간

2. 불행과 고통에
어떤 의미를 부여할까?

동건은 잘못했다고 용서를 빌며 다시 돌아왔으니 받아달라고 사정한다. 해주는 다시 보게 되어도 떠나지 않겠다는 동건의 약속을 받아낸 후에야 그를 받아들인다. 그런 후에 그녀는 자신이 여전히 볼 수 있다는 사실을 밝히고 동건에게 이렇게 말한다.

"이, 바보야. 왜 이제 왔어? 동건 씨, 내가 왜 눈 뜨고 싶었던 것 같아? 동건 씨가 기쁘고 즐거울 때 나도 봐야 우리 같이 행복해질 수 있잖아."

어느 철학자는 '인간은 오직 고통 속에서만 참되게 하나가 될 수 있다'고 말했다. 실명이라는 고통 속에서 자신과 '참되게 하나였던' 동건을 해주는 잊을 수 없었던 것이다. 잘생긴 검사인 준하에게서는 결코 그런 하나됨을 느낄 수 없었다.

고통 속에서만 참되게 하나 될 수 있는 우리

내가 기쁠 때 함께 기뻐해준 친구, 내가 즐거울 때 함께 놀아준 친구, 내가 공부할 때 함께 공부한 친구들은 모두 나의 기억 속에서 지워졌다. 그런데 내가 고통 속에 있을 때 나와 함께 그 고통을 나누었던 친구만큼은 잊혀지지 않는다. 참되게 하나였기 때문에 잊을 수가 없었던 것이다. 언젠가 이런 일이 있었다.

중학교 3학년 때 규율부장이었던 나는 수업시간에 떠드는 아이들을 용납하지 못했다. 무척 착하셨던 국어 선생님 시간에 교실을 난장판으로 만드는 아이들에게 크게 분노한 어느 날, 나는 점심시간에 아이들을 모두 교실에 남겼다. 그리고는 밥도 못 먹게 하고 대걸레 자루로 엉덩이를 열 대씩 때렸다. 나보다 싸움을 잘 했던 애들도 군소리

없이 다 맞았다.

　그 후에도 나는 나만의 정의감을 마구 휘둘러댔다. 그러다 보니까 일진회 애들이 나를 벼르고 있었다. '저 자식, 한 번 뜨거운 맛을 보여주자.' 어느 날 싸움도 못하는 쬐그만 녀석이 한 판 뜨자고 시비를 걸어왔다. 난 어이없어하며 방과 후에 산에서 만나자고 했다. 그러나 수업이 끝나고 산을 향하던 난 곧 크게 후회하게 됐다. 내 편은 친한 친구였던 윤석이밖에 없었는데 그 녀석 편은 예닐곱 명이나 되었기 때문이다. 겁이 덜컥 났다. 그래도 윤석이만 믿고 있었는데, 이 녀석이 갑자기 집에 가봐야 된다면서 일진 짱이었던 '민규를 조심하라'는 말을 남기고 냅다 도망쳐버렸다. 민규가 나랑 맞장을 뜰 거라는 정보만 남긴 채. 그 순간 나는 배신감으로 치를 떨어야 했다. 또 그만큼 고독하고 절박해졌다. 그때 작년부터 같은 반이었지만 별로 친하지 않았던 진오가 보였다. 진오는 평소처럼 입을 꽉 다문 채 걷고 있었다. 난 지푸라기라도 잡는 심정으로 진오에게 부탁했다.

　"저, 진오야. 나랑 같이 가줄 거지?"

　그랬더니 과묵하고 무뚝뚝했던 진오가 대답했다.

　"그럼, 당연하지."

　그 이후로 진오하고는 단짝 친구가 됐다. 그 사건 이후 진오는 중학교 친구 중 내가 지금도 만나는 유일한 친구가 됐다. 싸움은 어떻게 됐냐고? 보기 좋게 졌다. 지금 생각해도 참 끔찍한 일이었다. 그날 싸움에서 진 내가 집으로 돌아가는 길에 진오마저 없었다면 아, 얼마나 비참했을까?

　난 싸움엔 졌어도 내 편인 진오가 있었기 때문에 얼마 지나지 않아 다시 자신감을 회복할 수 있었다. 친구 진오는 나의 고통과 두려움 속에서 나와 함께 있어주었다. 그 고통 속에서 우리는 참되게 하나가 될 수 있었던 것이다. 돌이켜보니 난 그 친구처럼 누군가의 고통 속으로 함께 들어가본 적이 없었다. 그게 참 많이 후회가 된다.

너도 세상을 살아가는 동안 크든지 적든지 많은 고통을 겪으며 살게 될 것이다. 나는 네가 자신이 겪고 있는 고통보다 더 큰 고통 속에서 사는 사람들 가까이 다가가는 사람이 되었으면 좋겠다. 참되게 하나가 될 수 있다면 우리가 겪고 있는 고통은 이미 절반 이상 가벼워지는 법이니까. 그래서 한결 가볍게 지고 갈 만한 짐이 되는 법이니까 말이다.

의미가 부여된 고통은 견딜 만하다

학교에서 생활하다 보면 이따금 여학생들만 하는 독특한 행동을 보게 될 때가 있다. 남학생들은 여학생들의 그런 모습을 보면서 도무지 이해가 안 된다고들 한다. 그게 무엇일까? 그래, 뭐든지 함께 하려고 하는 것이다. 여학생들은 심지어 화장실까지 함께 가주기도 한다. 그런데 이런 여학생들의 모습에서 배울 게 있다. 바로 기꺼이 친구의 고통 속으로 들어가려는 마음이다. 그건 여자가 본성적으로 애착이 강하고 타인의 고통에 공감하는 능력이 뛰어나기 때문일 것이다. 여학생들은 준비물을 가져오지 못한 친구와 함께 외출증을 끊어서 집까지 같이 가주기도 하고, 방과 후에 벌 청소하는 친구를 기다리다 도와주기도 하고, 자신이 소변이 안 마려운데도 함께 화장실을 가주기도 한다. 어떤 때는 그런 모습들이 지나쳐서 공연히 시간과 에너지를 소모하고 있다는 느낌을 갖게 할 때도 있다. 작년에 우리 반이었던 미정이와 윤지, 그리고 정은이의 관계가 그랬다.

세 아이는 봉사활동 마감을 하루 앞둔 날, 동사무소와 파출소 등 어느 곳에서도 받아주지 않는다며 나를 찾아와 울상을 지었다. 나는 근처 지하철역에 전화를 걸어 봉사활동을 해도 된다는 허락을 얻어낸 후에 아이들을 보냈다.

다음 날 조회 시간에 봉사활동 확인서를 받고 정리를 하던 나는 윤지가 이미 18시간을 다 채워서 전날 하지 않아도 되는 봉사활동을 했음을 알게 됐다. 윤지는 친구들과 함께 네 시간 동안 어깨에 띠를 두르고 지하철역 안에서 캠페인을 하면서 기꺼이 친구들의 고통 속으로 들어갔던 것이다. 그 속에서 세 친구의 하나됨과 결속력은 훨씬 커졌다. 세 명 중에서 미정이는 함께 고생을 해 준 친구에 대한 고마움을 보답하기 위해 아버지가 주신 용돈 5천 원을 택시비로 흔쾌히 쓰기도 했다. 이처럼 때로는 비합리적이고 비이성적인 행동을 하면서까지 왜 너희들은 친구의 고통과 함께 하려고 하는 걸까? 그건 그만큼 그 속에서 느끼는 동질감이 주는 기쁨이 크기 때문일 것이다. 또한 이때의 고통에는 '친구의 고통을 덜어주는 것'이라는 의미가 부여되어 있다는 것에 주목할 필요가 있다.

심리학 치료요법 중에 의미치료(Logotheraphy)라는 것이 있다. 이것은 2차 대전 당시 아우슈비츠 수용소에 갇혀 있었던 유대인 빅터 프랭클 박사가 만들어낸 이론이다. 이상하게도 그곳에서는 건장하고 처세술이 뛰어난 사람들이 오히려 쉽게 용기가 꺾여 죽어나갔다고 한다. 반면에 극심한 고통을 겪으면서도 그 고통에 깃들인 의미를 깨달아 되씹으며 견딘 사람과 극심한 굶주림 속에서도 병든 동료들에게 자신의 빵을 나눠주던 사람들이 끝까지 무너지지 않고 살아남았다. 의미치료를 한 마디로 정리하면 이렇게 말할 수 있다.

"우리의 모든 것을 빼앗아갈 수 있는 최악의 상황이 오더라도, 그것이 우리가 그 고통에 의미를 부여하는 자유만큼은 빼앗아가지 못한다."

쉽게 예를 들면 한밤중에 무서운 산길을 넘어가야 하는 상황일 때, 혼자 가는 것보다 아기를 업고 가는 게 덜 무서운 이치와 같은 것이다. 그건 자신에게 어둠과 위험 속에서 아기를 지켜주어야 하는 존재로서의 의미를 부여받았기 때문이다. 정작 상황은 좋아진 것이 없고, 오히려 아기는 어둠과 위험 앞에서 방해만 되는 존재인데도, 새롭게 부여된 의미 때문에 똑같은 사람이 용감하고 책임감 있는 존재로 변모하는 것이다.

그래, 세상의 불행과 고통이 너의 모든 것을 삼키려고 엄습해 오더라도, 네가 그 고통에 참된 의미를 새겨 넣을 수 있다면 아우슈비츠에서 병든 동료들에게 빵을 나눠주었던 사람들처럼 운명보다 높은 곳에 설 수 있는 것이다. 자, 너는 지금 네가 겪고 있는 고통에게 어떤 의미를 부여하고 싶니?

3

고통의 문 뒤에 있는 것

자, 이제 고통의 문을 열어보자. 그런데 잘 안 열리는구나. 좀 도와주 겠니? 힘을 합쳐 열어보자. 그렇지. 이제야 문이 열린다. 어? 그런데 이건 뭐지? 다리잖아. 이 다리는 도대체 어디로 이어지는 걸까? 다리 가 정말 길기도 하다. 다리를 건너가면서 이 끝에 무엇이 있을지 말해 볼까? 고통의 다리를 지나면 무엇이 있을까? 왠지 그곳에 어떤 선물 이 우리를 기다리고 있을 것 같구나.

비극과 카타르시스

너는 비극적인 영화를 보고 나면 어떤 느낌이 드니? 참, 너는 슬픈 영 화는 무척 싫어하지? 하지만 로맨틱 코미디를 제외한 대부분의 영화 는 거의 비극적인 결말로 끝나는 편이다. 영화들은 주로 두 개의 입장 이 끝까지 맞서다가 한쪽 또는 양쪽 모두 파멸에 이르는 모습을 보여준다. 왜 대부분의 영화들이 이렇게 비극으로 끝나는 걸까? 그것은 비극이 우리에게 '카타르시스'를 선사하기 때문이다. 철학자 아리스토텔레스가 그 말에 처음으로 '정화'라는 의미를 부여했지만, 원래는 그리스의 의학용어로 '동종 요법'을 뜻하는 말이었다. 쉽게 말하면 '이열치열 요법'이라고 말할 수 있다. 동종 요법은 그리스 시대에 간질이나 정신 발작으로 소리를 지르는 사람에게 더 심한 소음을 들려주어 그 질환을 없애주는 방법이었다.

카타르시스라는 말은 정화(淨化), 곧 '깨끗이 씻는다'는 뜻이다. 그러니까 카타르시스란 '우리가 영화나 연극을 통해서 타인의 큰 슬픔과 고통을 체험할 때, 자신의 작은 슬픔이 하찮아 보이게 되는 것, 그럼으로써 자신의 고통을 씻어내고 치유하게 되는 것'이라고 이해하면 된다.

비극적인 이야기에는 치열하게 싸우는 양쪽의 입장이 나온다. 이쪽의 입장과 저쪽의 입장, 이 두 입장은 서로를 이해하지 못하고 대립을 계속하며 갈 데까지 가다가 결국엔 파멸을 맞는다. 그런데 비극은 그것을 '객관적으로 바라보는 사람', 곧 관객에게 중요한 선물을 선사한다. 그건 이쪽의 입장에서 저쪽의 입장으로 건너갈 수 있게 해주는 것, 곧 '건너감'이라는 선물이다. 결코 이해할 수도, 용납할 수도 없었던 저쪽의 입장을 공감할 수 있게 해주는 힘을 비극은 가지고 있는 것이다. 영화 〈사랑해, 말순 씨〉에서는 어머니의 죽음이라는 비극을 통해서 아들이 결코 이해할 수 없었던 어머니의 입장으로 건너가게 되는 이야기가 나온다.

이쪽의 입장에서 저쪽의 입장으로 건너감

광호에게 생전의 어머니는 이상형으로 여기며 동경했던 옆집 누나의 모습과 비교되어 더욱 이해할 수 없는 존재였다. 광호 어머니의 그런 모습들은 전형적인 우리나라 '아주머니'의 모습이기도 했다. 버스에서 자리를 차지하려고 물불을 안 가린다거나, 빈자리를 만들어놓고 아들의 이름을 크게 부른다거나, 교양 있는 친구 엄마 옆에서 쩝쩝 소리 내며 음식을 먹는 어머니의 모습을 보면서 광호는 극도의 수치감을 느꼈었다.

하지만 어머니가 돌아가신 후 광호는 그런 모습들이 화장품 외판을 하며 생계를 책임져야 했던 어머니의 생활의 모습이었으며, 자식들을 향한 진정한 사랑이었음을 깨닫는다. 또한 어머니가 술에 취해 이웃집 아줌마들과 디스코를 추며 스트레스를 풀었던 모습이 다가오는 죽음에 대한 두려움을 잊기 위한 몸부림이었다는 것도 뒤늦게 알게 된다.

어머니가 돌아가시기 전에는 결코 화해할 수 없었던 두 개의 입장, 곧 교양 없는 아주머니인 어머니의 입장과 고상한 중학생인 아들의 입장은 영원한 이별을 겪은 후에야 비로소 하나가 된다. 어머니의 입장으로 건너가지 못했을 때 아들은 어머니를 경멸하고 무시했었다. 그러나 어머니가 남기고 간 사랑 속에서 아들은 어머니의 부재라는 고통의 다리를 건너 어머니의 입장으로 넘어갈 수 있었던 것이다. 그제야 비로소 아들은 어머니를 진정으로 이해하게 된다.

나도 광호와 비슷한 경험을 한 적이 있었다. 네 할아버지가 위암에 걸리셨던 대학 4학년 때의 일이다. 나도 광호가 어머니께 그러지 못했던 것처럼 아버지의 고통을 함께 나누지 못했다. 아버지는 늘 무섭고 차가운 존재라는 나의 무의식이 끝내 아버지와의 거리를 좁히지 못했던 것이다. 아버지가 돌아가시고 몇 달이 지난 어느 날 밤 나는 눈물을 펑펑 흘린 적이 있었다. 다가오는 죽음 앞에서 홀로 두려워하고 계셨을 아버지에게 한 번도 진정한 위로를 해드리지 못했던 것이 너무도 죄송해서 밤새도록 엉엉 울었다. 아무리 울어도 눈물이 그치지 않았다.

영화를 보고 나니 '고통을 통해 나와 가장 멀었던 쪽으로 건너가는 것'에 대해서 좀 알게 됐니? 카타르시스라는 게 어떤 감정인지도 알겠니? 아직도 잘 모르겠다고? 그럼 내가 보고 경험했던 일을 들려주마.

고통이라는 쓴 약

3년 전 내가 1학년 담임을 맡았던 다희는 자기가 주었던 고통을 되돌려 받음으로써 저쪽으로 건너가게 된 아이였다. 다희가 되돌려 받은 고통은 훨씬 크고 무서웠다.

키도 크고 운동도 잘 했던 다희는 봄 구기대회 때 우리 반이 핸드볼 경기에서 우승하는 데 탁월한 실력을 발휘했다. 우리 반은 한 경기에서 대여섯 골을 넣었던 다희 덕분에 연속 네 번이나 이겨서 우승했을 뿐만 아니라, 아이들은 경기에 이길 때마다 아이스크림을 사주겠다는 나의 약속 덕분에 시합날마다 아이스크림을 먹는 행운을 누릴 수 있었다. 친구들에게 즐거운 행운을 가져다준 그 봄에 다희의 인기는 그야말로 하늘을 찔렀다. 그런데 다희는 그때 우쭐해진 마음을 잘 다스리지 못하고 곧 큰 실수를 하게 된다.

다희는 체육대회가 끝난 며칠 후 평소에 못마땅하게 여기고 있던 영은이를 화장실로 불러서 '성우와 사귀는 거 티내지 마라. 솔로인 사람은 생각도 안 하냐?'며 경고를 했다. 키도 작고 덩치도 작았던 영은이는 크게 겁을 먹었다. 다희는 그 후 영은이의 머리를 때리고 의자를 발로 차면서 괴롭혔을 뿐만 아니라, 다른 아이들에게 영은이와 놀지 말라고 부추기기까지 했다. 당시만 해도 성우와 영은이의 모습을 아니꼽게 생각하고 있었던 아이들이 다희에게 동조를 했기 때문에 영은이는 졸지에 왕따가 되어 고통스런 나날을 보내야만 했다.

그러나 다희는 친해진 친구들과 자주 싸우게 되면서 점점 스스로를 고립시켰다. 그러다 학교에서 식중독 사고가 터져서 도시락을 싸오게 됐는데, 도시락 대신 빵을 싸온 다희는 매일 다른 아이들의 밥과 반찬을 뺏어먹는 잘못을 저질렀다. 다희가 계속 미운 짓을 하면서 영은이를 심하게 괴롭히자, 여자아이들이 뭉쳐서 영은이를 도와주기로 마음먹었다. 영은이를 포함한 열 명의 아이들은 다희를 화장실로 불러서 '너도 네가 당한 만큼 고통을 당해보라'고 말한 후 지독한 왕따를 시키기 시작했다.

자존심이 무척 강했던 다희는 한참 동안 내색을 하지 않다가 왕따의 강도가 극에 달했던 10월쯤에야 나를 찾아와 도움을 요청했다. 영은이를 불러서 얘기를 들어보니 처음엔 며칠간 다희에게 왕따가 얼마나 괴로운 것인지만 가르쳐 준 후 그만하려고 했는데, 다희가 끝까지 사과를 하지 않아서 몇 달이나 계속된 거라고 했다. 나는 반에서 있는 듯 없는 듯 지내고 있지만 누구하고도 잘 어울리던 예지와 소라에게 다희의 편이 되어주라고 부탁하고 반 분위기를 지켜보았다. 이후 천성이 맑고 따뜻했던 두 아이의 도움과 여자아이들의 분위기를 주도하던 혜정이가 다희에게 힘내라는 편지를 보내준 게 큰 힘이 되어 다희는 영은이와 화해를 하게 됐고, 지독한 왕따 생활에서 벗어나게 됐다.

다희는 아파하며 겪은 교훈을 마음에 잘 새겨서 다음 해 2학년에 올라가서는 겸손해진 마음으로 다른 친구들을 사귀며 학교생활을 무난히 하게 됐다. 다희의 경우처럼 현실 속에서 고통을 직접 겪은 후 저쪽으로 건너가게 되는 건 너무도 힘겨운 대가가 필요하다. 영화나 소설 속의 비극 이야기라는 다리를 통해서 스스로 건너갈 수 있다면 그처럼 비싼 수업료를 지불하지 않아도 되니까 훨씬 지혜로운 일이라고 할 수 있겠다.

사랑한다는 말을 할 수 있는 용기

영화 〈사랑해, 말순 씨〉를 보고 나서 나는 광호가 자신의 어머니께 그랬던 것처럼 나도 내 아버지께 한 번도 사랑한다는 말을 하지 못했었다는 사실을 기억하게 됐다. 나는 지난 일을 후회만 하지 말고 살아계신 어머니께라도 사랑한다는 말을 해야겠다고 마음먹었다. 그런데 막상 전화를 드리려고 하니까 그게 생각처럼 쉽지가 않았다. 신기했던 건 〈사랑해, 말순 씨〉라는 영화가 나의 망설이는 마음에 용기를 불어넣어주었다는 사실이다. 나는 광호를 떠올리며 제주도에 계시는 어머니께 전화를 걸어 이렇게 말했다.

"어머니, 사랑하는 아들입니다."

어머니는 아들로부터 생전 처음 듣는 말에 놀라면서도 매우 기뻐

하셨다. 옆에서 듣고 있던 너도 평소 같지 않은 아버지의 모습을 보다가 키득거리며 웃고 있었다. 그건 이를테면 내가 비극이라는 다리를 통해서 '살가운 아들이 사는 땅'으로 건너간 거였다. 〈사랑해, 말순씨〉를 보고 난 나는 나보다 훨씬 어린 나이에 그것도 아버지가 없는 상황에서 어머니를 잃게 된 광호의 큰 불행을 보면서 내가 겪었던 불행이 그보다 훨씬 작은 것이었다는 것을 깨달았다. 광호의 참담한 비극이 마음을 깨끗이 씻어주었기 때문에 평생 해보지 못했던 말을 할 수 있는 용기가 마음속으로 찾아올 수 있었다. 또한 정화된 마음속으로 아직도 살아계시고 날마다 자식들을 위해서 기도하시는 어머니에 대한 사랑과 감사가 넘치게 차올랐다.

그런데 끝내 '어머니, 사랑해요'라는 말은 내 입에서 나오지가 않았다. 40년 가까이 못 해본 말이어서 그랬는지 입안 어딘가 꽉 막혀서 나올 생각을 하지 않았다.

아들아, 너는 이 못난 아버지처럼 돌려 말하지 말고 정공법으로 '사랑해요'라고 네 어머니에게 말할 수 있는 아들이 되었으면 좋겠다. 혹시 아버지처럼 정말로 그 말이 입에서 나오지 않는다면 이렇게 글로 써서 편지를 드리는 것도 좋을 것이다.

"어머니, 사랑합니다. 오래전부터 이 말씀을 드리고 싶었습니다."

자, 지금은 어떠니? 슬픈 영화가 조금 보고 싶어지긴 했다고? 그래도 여전히 눈물 나는 영화는 사양하고 싶다고? 그건 어쩌면 네 인생의 쓴맛을 아직 보지 않았다는 것을 의미하는 건지도 모르겠다. 네가 더 커서 사는 일이 팍팍해졌을 때, 하여 고통의 짐이 너무 무거울

때 그때는 꼭 좋은 비극을 보려무나. 이제 고통의 다리의 끝이 보인다. 뭐가 보이니? 잘 모르겠다고? 그건 당연한 일인지도 모르겠다. 너는 그동안 타인의 고통과 비극을 보는 일을 제대로 해본 적이 없었으니까. 네가 정말 잘 만든 비극을 본다면 알게 될 것이다. 고통의 다리 너머에 있는 것은 바로 네가 결코 이해할 수도 없었고 용납할 수도 없었던 그 사람의 입장이라는 것을. 그것은 건너가 본 사람만이 알 수 있는 것이다. 이제 다시 골방으로 돌아가자. 다리가 저렇게 기니까 서둘러야겠다.

4

분노라는
짐승 길들이기

다시 골방으로 들어왔다. 저기서 가만히 웅크리고 있는 거 보이니? 조금씩 움직이는 것 같다. 내가 먼저 가까이 가서 살펴보마. 그런데 너 너무 겁먹는 것 같구나. 너무 두려워하지 마라. 저건 어차피 네 마음속에 있는 것에 불과하니까. 어디 한 번 건드려볼까? 으헉! 쟤가 갑자기 왜 저렇게 커지는 거니? 점점 커지고 무서워지고 있다. 어서 뒤로 물러나자.

휴우! 다시 원래대로 줄어들고 있다. 아하! 저 녀석이 무엇인지 이제 알겠다. 저건 바로 네 가슴 밑바닥에 웅크리고 있는 분노라는 짐승이다. 저 녀석이 어떻게 변하는지 다시 한 번 볼까? 네가 가장 화났던 기억을 떠올려봐라. 그러면 쟤가 다시 커질 테니까. 갑자기 생각하려니 잘 안 난다고? 할 수 없구나. 내가 또 이야기해보마. 네가 초등학교 2학년이었을 때 내가 길거리에서 무지막지하게 때렸던 기억을 떠올려보렴. 그날은 내가 생각해도 정말 우습게 폭력아빠가 되었다. 여의도 공원에서 너희들과 잘 놀고 집으로 돌아오던 길에 네가 어머니에게 고집을 좀 부렸었다. 나는 그저 네 버릇을 좀 고쳐주어야겠다는 생각을 하고 짐짓 무서운 척하며 너에게 차에서 내리라고 했다. 아빠의 돌연한 태도에 겁을 먹은 너도 잔뜩 긴장하며 차 트렁크 쪽으로 나를 따라왔다.

"아빠가 너 버릇 고쳐주려고 이러는 거야. 자, 차 잡아. 세 대만 맞아."

이 말을 하며 차 닦는 솔로 네 엉덩이를 때릴 때까지는 마음먹은 대로 잘 진행되었다. 그런데 갑자기 솔이 부러져버렸다. 게다가 너의 표정은 무지 아플 줄 알았는데 하나도 안 아파서 얼떨떨한 표정이었다. 그래서 내가 물었다. "안 아파?" 그 순간 그렇다며 고개를 끄덕이며 어리둥절해하는 네 표정이 얼마나 웃겼는지 아니? 나는 속으로는 '이게 아닌데? 이렇게 혼내는 건 역효과가 나는데⋯⋯' 하고 생각하면서도 그만 웃고 말았다. 그러자 갑자기 네가 이렇게 말하며 대들었었다. "그게 무슨 고집 부린 거예요? 난 잘못한 거 없어요." 그때 내가 왜 이성을 잃었는지 모르겠다. 갑자기 혼란스러워진 나는 이렇게 어정쩡하게 혼내서는 안 된다는 생각에 사로잡혔고 갑자기 대드는 네게 화가 치밀어서 너를 사정없이 때렸다. 횡단보도 앞에서 차를 세우던 사람들이 차창 너머로 구경을 하고 정말 난리가 났었다. 너 벌써 그때의 감정을 떠올리고 있구나. 저 녀석이 점점 커지는 걸 보니. 그래, 좀 더 화를 내봐라. 쟤가 얼마나 커지는지 보게.

그만! 어서 화난 감정을 지워버려라. 무시무시한 괴물이 된 짐승이 점점 커져서 골방을 꽉 채우고 있잖니? 그래, 이제 똑똑히 알겠구나. 너를 인정사정없이 때렸던 그날도 내 속에 있던 분노의 짐승이 저렇게 골방을 다 차지하고 있었다는 것을. 지금 다시 사과하마. 그때는 내가 정말 잘못했다. 용서해다오. 용서해주겠다고? 그래, 고맙다. 그런데 용서를 하고 용서를 받고 난 후에도 이렇게 마음이 꺼림칙한 것은 왜일까?

우리 저 짐승 앞에 앉아서 분노에 대해 생각해볼까? 화를 내는 게 서로에게 큰 상처가 되고 관계를 파괴하는 거라는 걸 잘 알지만, 살다 보면 화가 나는 상황이 반드시 찾아온다. 화를 꼭 내야 한다면 어떤 방법으로 하면 좋을까? 먼저 우리를 분노하게 만드는 상황부터 알아보자.

인간성이란 무엇인가

침팬지와 인간의 유전자 중에서 1%의 차이가 이처럼 어마어마한 문명의 차이를 낳았다는 이야기를 들어본 적이 있을 것이다. 이 1%의 차이는 무엇일까? 물론 침팬지와 사람의 뇌 기능에는 큰 차이가 있지만, 원시시대에는 그리 큰 차이가 나지 않았던 두 사회가 지금처럼 비교할 수 없을 정도로 달라지게 된 것은 인간성의 본질이 사회성에 있기 때문일 것이다. 사람은 태어난 후에 가족과의 관계, 사회와의 관계를 통해서 인간성을 체득하게 되고 거대한 사회조직에 적응할 수 있는 존재로 성장하게 되니까 말이다.

1920년대에 인도의 미드나포르 숲에서 발견되었던 늑대 소녀 아말라와 카말라는 인간성에 대해서 근본적인 의문을 갖게 해주었다.

늑대들과 함께 살다가 사람들에게 발견됐을 당시 아말라는 여덟 살이 었고 카말라는 열네 살이었다고 한다. 그들은 상하거나 썩은 고기를 먹었고 엄청난 속도로 네 발로 뛰었으며 늑대처럼 짖기만 할 뿐이었다. 사람들은 그 아이들에게 인간성을 가르쳐주고 문명사회에 적응할 수 있는 존재로 변화시키기 위해 모든 교육수단을 동원했지만, 카말라는 1년 뒤에 죽었고 아말라는 9년을 더 살다가 끝내 야성을 버리지 못한 채 죽었다고 한다. 엄밀히 말해서 그 아이들이 갖고 있었던 정체성은 늑대의 정체성이었다. 그들에게는 인간의 이성과 감정이 깃들어 있지 못했으니까. 이 사건은 인간성이란 본질적으로 사회와의 관계를 통해서 얻어진다는 사실을 그대로 보여준다.

하지만 지금도 적지 않은 사람들에게는 그들이 살고 있는 사회의 교육과 제도가 아말라와 카말라의 경우처럼 본성을 억압하고 파괴시키는 폭력이 되고 있다는 현실을 어떻게 설명해야 할까? 이 사회의 거대한 조직과 시스템은 때때로 인간으로서의 정체성을 갖고 있는 사람들에게조차도 감당할 수 없는 절망을 안겨주거나 죽음에 이르게 하는 괴물이 되고 있으니까. 이른바 사회부적응자라는 사람들에게 가해진 치명적인 상처와 파괴는 가족을 비롯한 사람과의 관계, 사회와의 관계에서 비롯되는 것들이다.

그러니까 인간성을 가장 혼란스럽고 고통스럽게 만드는 것은 사회의 관계 속에서 '이렇게도 할 수 없고 저렇게도 할 수 없는 상황'에 처하는 일이다. 그건 우리가 종종 맞닥뜨리는 것이기도 하다. 문제는 억압을 변화시킬 수도 없고 억압으로부터 벗어날 수도 없는데, 지속적으로 그 억압 속에서 고통을 당하는 동안 우리의 골방에서 살고 있는 분노의 짐승이 점점 살이 찌고 있다는 사실이다. 고통 속에서 인간성이 폐허가 되는 동안 잘 먹고 잘 큰 그 녀석은 사소한 일로도 불같이 커지는 괴물이 되어버린다.

막을 수 없었던 인간성의 파괴

영화 〈박하사탕〉의 영호는 1980년 광주에서 군대 생활을 하다가 광주시민군을 진압하는 작전에 투입되어 한 여학생을 오발사고로 죽이게 됨으로써 인간성에 치명적인 손상을 입었다.

그 후 영호는 어이없게도 운동권 학생을 고문하는 형사가 되었다. 영호가 반쯤 정신이 나간 상태에서 피의자를 고문하다가 그가 싼 똥을 만지고 경악했던 날 첫사랑의 여인 순임이 찾아왔다. 순임은 하필이면 늘 영호가 가장 안 좋았던 날에만 찾아왔다. 그녀는 영호가 여학생을 죽였던 날 영호를 면회하러 부대로 찾아왔었다. 비상작전 때문에 영호를 못 보고 돌아가던 순임을 영호는 광주시민들을 죽이러 가는 트럭 위에서 보고 말았다. 영호는 순임을 보는 한 광주에서의 살인을 떠올려야 했고 자신이 죄의 대가를 지불하지도 않은 채 버젓이 살고 있다는 사실을 상기해야 했기에 순임을 사랑할 수가 없었다.

기차역에서 순임을 떠나보낸 후 돌아온 영호는 심한 자책감을 느끼며 동료들이 회식을 하고 있던 술집으로 들어가 난동을 부린다. 자전거를 타고 술집으로 들어간 영호가 술좌석 주위를 빙빙 돌자 선배 형사들이 어이없어하며 말렸다. 그러나 이미 분노의 짐승이 거대한 괴물로 변해 있었던 영호를 아무도 말릴 수 없었다. 자전거를 내동댕이친 영호는 막대기를 집어들어 닥치는 대로 물건들을 때려 부수기 시작했다. 그러면서 '부대 차렷! 열중 쉬어!'를 수도 없이 외치며 자신으로 하여금 죄 없는 여학생을 죽이게 만들었던 군대를 향해 피맺힌 절규를 했다.

영호의 골방 속에서 걷잡을 수 없이 커지기만 했던 그 짐승은 끝내 영호를 달려오는 열차에 뛰어들어 생을 마감하게 만들었다.

어디 네 안에 있는 분노의 짐승은 얼마나 큰 녀석인지 살펴볼까? 아직은 그리 크지도 않고 무시무시하지도 않구나. 저렇게 숨을 죽이고 잠들어 있는 것을 보니 왠지 귀엽다는 생각도 든다. 도대체 저 녀석을 어떻게 다뤄야 하는 걸까? 잠자고 있던 녀석이 자극을 받아서 으르렁거리며 몸집을 불리기 시작할 때 어떻게 하면 좋을까? 그 전에 먼저 화풀이를 잘못해서 어이없는 죽음을 맞았던 역도산부터 만나보자.

화풀이하다 망친 인생

일제시대 때 강제 징용을 피해서 일본으로 건너갔던 역도산은 일본인들이 '웃는 조선인'을 가장 싫어한다는 사실을 알고 난 후부터 성공할 때까지 절대 웃지도 울지도 않겠다고 결심하고 모질게 노력해서 큰 성공을 거둔 인물이다. 그는 일본 재계의 거물이었던 간노 회장의 후원으로 미국에서 레슬링 선수로 성공한 후 일본으로 돌아오자마자 레슬링의 영웅이 되고 일본 사회의 우상과 같은 존재가 된다. 역도산을 최고의 영웅으로 이끌어준 것은 다름 아닌 가슴 속에 쌓여 있던 분노였다. 조선인이기 때문에 당해야 했던 차별과 설움으로 인한 분노를 양식 삼아 그는 성공가도를 달려왔던 것이다. 그러나 최고의 자리에 오른 후에도 역도산은 자신의 분노를 다스리지 못하고 폭력을 휘둘러서 수많은 적을 만든다.

역도산은 급기야 자신의 후원자인 간노 회장과의 약속을 어기고 경기를 뒤집어서 간노를 결정적으로 배신하게 된다. 그때 그는 넘어서는 안 되는 선을 넘었던 것이다. 그 사건으로 역도산은 간노로부터 내침을 당하고 말았다. 설상가상으로 프로 레슬링의 인기가 프로 야구와 올림픽에 밀려서 역도산의 입지는 계속 좁아진다.

간노 회장이 사사로운 보복은 없을 거라고 약속했지만 역도산은 줄곧 야쿠자의 보복에 대한 두려움을 느끼며 살 수밖에 없었다. 그러던 어느 날 역도산은 한 카바레 화장실에서 동네 건달 같은 남자와 어깨를 부딪치게 된다. 곧 죄송하다고 사과를 하고 나가려던 남자는 역도산이라는 걸 알아차리고 씨익 웃었다. 그러자 자기를 해치러 온 사람일 거라고 지레짐작한 역도산이 왜 웃느냐며 남자를 때리기 시작했다. 남자는 그냥 역도산 씨라서 웃었다며 용서해달라고 빌었지만 역도산은 계속 폭력을 가했다. 그러자 생명의 위협을 느꼈던 남자가 주머니에서 칼을 꺼내 역도산의 배를 찔렀다. 역도산은 그 남자가 자신을 해치러 온 사람이 아니라는 걸 알고 난 후에도 화풀이 하듯 자신 속에 있는 분노를 쏟아내다가 끝내 변을 당했던 것이다. 역도산은 나중에 병원에서 수술을 받다가 복막염으로 어처구니없는 죽음을 맞는다.

화라는 건 마음속에 꼭꼭 숨겨둬도 안 되지만, 이처럼 화가 날 때마다 화풀이를 해서도 안 된다. 그러다보면 어느새 습관이 되어버리고 결국엔 수습할 수 없는 불행에 빠지게 된다. 불행했던 사나이 역도산처럼.

보살피지 못한 분노는 예고 없이 터져나온다

작년에 내가 담임을 맡았던 중근이도 역도산처럼 어이없는 일에 분노를 터뜨리는 아이였다. 개학한 지 채 며칠도 되지 않은 토요일이었다. 그날은 전일제 자치활동을 하던 날이었는데 내가 교무실로 잠시 내려와 있던 쉬는 시간에 중근이가 그만 상우를 때리고 말았다. 교실에서 친구끼리 놀다가 싸우는 일이야 이따금씩 일어났지만, 나는 중근이가 상우를 때린 이유가 좀처럼 이해가 되지 않았다. 중근이는 상우와 손가락 숫자 맞추기 게임을 하면서 재미있게 놀고 있었다. 그러다가 게임이 재미없어진 상우가 그만 하겠다고 하는 걸 억지로 더 하자고 하다가, 끝내 하지 않겠다는 상우를 발로 차고 주먹으로 때렸던 것이다. 처음이었기 때문에 그날은 반성문을 쓰게 하고 다음부터 마음을 잘 다스리라는 주의를 준 후에 돌려보냈다.

두 주 후, 중근이는 이번엔 꽤 심각한 사고를 저질렀다. 1학년 후배였던 창완이의 돈을 뺏고 협박을 했던 것이다. 나는 사태의 심각성을 느끼고 중근이 어머니에게 전화를 하여 자초지종을 설명한 후 다음 날 학교로 오셔서 상담을 하는 게 좋겠다는 뜻을 알렸다.

폭력을 휘두르는 남학생들은 엄하고 무서운 아버지 밑에서 맞고 지내면서 폭력을 배우는 경우가 대부분이었다. 그런데 뜻밖에도 나는 중근이 어머니로부터 아버지가 아들을 전혀 때리지 않을 뿐 아니라 친구처럼 대해주신다는 말을 들었다. 아버지로부터 폭력을 물려받지 않은 거라면 도대체 왜 사소한 일에도 주먹을 쓰고 발길질을 하는 아이가 됐을까?

나는 중근이로부터 초등학교 때는 덩치가 작아서 친구들에게 맞고 돈도 빼앗기며 지냈다는 말을 듣고 나서야 조금 이해가 되었다. 알고 보니 중근이와 창완이는 초등학교에 들어가기 전에는 서로 친구처럼 지냈고, 오히려 키가 더 컸던 창완이에게 중근이가 자주 맞았다는 거였다. 중근이는 아버지로부터가 아니라 초등학교 시절 친구들로부터 괴롭힘과 시달림을 당하면서 폭력을 내면화했던 것이다. 초등학교 고학년이 되어 합기도와 태권도를 배우고 키도 부쩍 커지면서 폭력을 당하는 입장에서 폭력을 휘두르는 입장이 된 중근이는 그동안 가슴 속에 쌓여 있던 분노를 자기도 모르게 터뜨리곤 했다.

이후 중근이는 독서치료를 꾸준히 받으면서 생활태도가 많이 좋아졌다. 그러나 몇 달 뒤에는 중근이보다 오히려 창완이가 더 문제가 됐다. 중근이와의 사건이 해결되고 얼마 지나지 않아 창완이가 반의 힘없는 아이들을 때리고 돈까지 뺏는다는 말을 전해들은 나는 배신감으로 씁쓸해진 마음을 달랠 길이 없었다. 한편으로는 중근이의 경우 다행히 자상한 아버지가 있었기 때문에 폭력의 손아귀에서 빠져나올 수 있었지만, 창완이는 누군가로부터 지속적인 폭력과 억압을 당하고 있기 때문에 쉽게 폭력의 그물에서 빠져나오지 못하고 있을 거라는 생각이 들어 그 녀석이 몹시도 가여워졌다.

화난 사람처럼 연기하기

중근이의 경우는 자신을 방어하기 위해서 적개심을 키워왔다고 볼 수 있다. 그러니까 중근이의 방어의식과 적개심은 한 몸이었던 것이다. 이처럼 정반대의 성향을 함께 갖고 있는 것을 '동전의 양면성'이라고 한다. 지나친 우월감을 가진 사람이 심한 열등감을 동시에 갖고 있는 것 역시 '동전의 양면성'이다. 동전이 앞면과 뒷면을 함께 갖고 있듯이 중근이의 마음속에는 방어하고 싶은 마음과 적개심이 공존하고 있었다. 그런데 실제로 화는 폭발하는 것보다 쌓여 있는 게 더 위험하다. 그럼 화를 어떻게 표현해야 할까?

나는 네가 마음속에 차오른 분노의 강물에 살짝 발만 담그라고 말해주고 싶다. 분노의 강물은 온몸이 빠져 들어가버리면 쉽게 벗어나기 어려운 곳이기 때문이다. 이를테면 잠시 연기자가 되어보는 거다. 자신을 잠시 화난 감정을 표현하는 배우라고 생각해보자. 내 마음속에 분노의 강물이 차오르게 한 사람에게 '당신이 그렇게 행동하기 때문에 내 마음이 이렇게 아프다. 앞으로는 이렇게 행동해주었으면 좋겠다'라는 대사를 정확하고 분명하게 전달하는 것이다. 이때 필요하다면 목소리를 높이고 소리를 질러도 무방하다. 그러고 나서는 연기를 마친 배우가 잠시 품고 있던 감정을 훌훌 털어버리듯이 화난 감정을 다시 내려놓는 것이다. 분노의 강물에 발만 담그고 나온 사람은 결코 화에 끌려 다니지 않는다. 앞뒤도 분간하지 않고 분노를 폭발시킴으로써 온몸이 강물에 잠겼던 사람은 그 강물에서 나온 후에도 축축하고 음습한 분노의 물기에 젖어 있기 때문에 상대방에게도 자신에게도 불편한 존재가 되고 만다. 그 사람은 여전히 마음속에 분노의 강물을 출렁이면서 살게 되지만, 적절하게 화를 풀어낸 사람의 마음속에서는 화난 강물이 썰물처럼 빠져나간다.

화를 그때그때 비워낸 마음은 다시 상대방의 마음과 더 튼튼한 끈으로 연결된다. 그러나 화를 지속적으로 쌓아둔 마음은 그 끈이 점점 가늘어져서 나중엔 끊어져버리거나 위태로운 관계로 겨우 이어지는 신세가 된다.

어때? 이젠 분노의 짐승을 잘 다룰 수 있겠니? 얼굴이 뻔뻔한 편이니까 연기를 잘 할 수 있을 거라고? 그래, 바로 그거야. 까짓거 대사 한 번 읊어주는 거다. 그러고 나면 네 골방 속의 짐승도 씩씩거리던 숨을 멈추고 다시 작아져서 꾸벅꾸벅 졸게 될 거란다.

5

마음 속 어두운
장막을 걷어내면

이제 저 짐승을 돌보는 방법을 알았으니 저 녀석을 살짝 지나가도록
하자. 어차피 잘 자고 있으니까 무사히 넘어갈 수 있을 거다. 휴우, 별
일 없이 지나왔구나. 이제 골방에 있는 것을 제대로 볼 수 있겠다. 뭐
라고? 앞에 뭐가 있다고? 어? 이건 무슨 막 같은데? 이게 왜 우리 앞
을 가리고 있는 걸까? 더듬어보자. 옳지. 여기 스위치가 하나 있다.
그렇다면 저 막은 틀림없이 스크린일 거야. 어디 한 번 켜볼까?

어? 저건 네 친구들 아니니? 우리 가족도 나오네. 내 모습도 보인
다. 그런데 내가 왜 저렇게 짜증을 내고 있지? 너를 막 혼내는구나.
왜 저런 장면이 나오는 걸까? 저런! 네 동생이 너를 이겨먹으려고 큰
소리를 치고 있다. 엄마는 너에게 옷을 아무 데나 팽개친다고 잔소리
를 하고 계시고. 너희 교실인가 보다. 저 아이는 너무 잘난 체를 하는
구나. 담임선생님은 성적이 나쁜 학생을 꾸짖고 계시고……

저 장면들을 보니까 어떤 생각이 드니? 네가 짜증나고 화나고 억울했을 때를 찍어놓은 장면 같다고? 그래, 친구나 가족들의 모습 중에서 네가 마음속으로 정말 싫어했고 미워했던 모습들이다. 그럼, 우리가 보고 있는 저 스크린의 의미는 뭘까? 너로 하여금 너의 어두운 골방에 있는 것들을 보지 못하게 하는 저것은 왜 저렇게 앞을 가리고 있는 걸까? 저 스크린은 우리의 마음속에서 너무나 자주 일어나는 투사를 표현하고 있다. 그것은 우리의 의식에서 일어나는 것이 아니라 우리의 무의식, 곧 골방에서 일어나는 것이기 때문에 알아차리기가 정말 어렵다. 네가 '투사'에 대해서 올바르게 이해할 수 있다면 골방에 있는 것들을 모두 본 후에 위에 있는 방으로 올라갈 수 있을 것이다. 투사가 도대체 뭘까?

타인에게 떠넘기는 마음

우리가 타인을 미워할 때 그 미움은 대부분 투사(投射, projection)라는 심리작용에 의해서 나오는 감정이다. 투사란 자기 자신이 납득하기 어려운 생각이나 감정, 또는 만족할 수 없는 욕구가 있는 경우에 그것을 무의식적으로 타인에게 떠넘기는 마음의 움직임이다. 이를테면 네 속에 잘난 체하고 싶은 마음이 있는데 너는 그걸 인식하고 있지 못하고 인정하고 싶어하지도 않는다. 스스로를 겸손하다고 생각한다. 그런데 반 친구 중 아까 스크린에서 본 친구처럼 자주 잘난 체를 하는 아이가 있다. 넌 그 친구를 볼 때마다 화가 나고 그 친구가 무척 싫다. 그러나 이때 너의 미움은 그 친구를 향하는 듯하지만, 사실은 네 속에 있는 모습을 투사한 것에 불과하고 결국 네 자신을 비난하고 있는 셈이다.

그럼 투사라는 말을 한 번 분석해 볼까? 나는 투사를 '자기의 자아를 상대방의 모습이라는 스크린으로 던져서(投) 비춰보는(射) 것'이라고 풀이하고 싶다. 이때의 자아는 인정하고 싶지 않은 자아, 벗어버리고 싶은 자아, 그러나 분명히 자기가 갖고 있는 자아다. 그러니까 투사는 자신의 자아를 내던져버리는 행위이면서 자기 내면의 어두운 면을 들여다보지 않으려는 비겁한 심리이기도 하다. 자신의 실체를 바라보지 않으려고 다른 사람의 모습과 행동이 상영되고 있는 스크린만 골몰히 바라보는 것, 이 투사는 의식하지 못하는 사이에 일어나는 현상이기 때문에 일단 한 번 걸리면 오래도록 빠져나오기 힘들다. 투사는 별 이상이 없는 평범한 사람들도 자주 갖게 되는 심리작용인데, 나 역시도 뒤늦게 투사였음을 깨달은 경험이 꽤 많았다. 누구에게보다도 특히 너에게 그랬다.

사랑이 아니라 투사된 욕망이었다

돌아가신 네 할아버지에 대한 얘기를 좀 할까? 할아버지는 다섯 살 때 고아가 되셨다. 고아원에서 생활하시다가 몇 년 후에 뛰쳐나가셔서 우리가 상상할 수 없는 거친 삶을 사셨다. 나는 공부는 잘 하는 편이었지만 우유부단하고 동작이 굼떠서 아버지께 야단을 많이 맞았다. 아마 내가 장남이었기 때문에 더 그랬던 것 같다. 어린 시절의 아버지는 내게 늘 무섭고 두려운 존재였다. 그리고 사춘기 이후에는 아버지의 억압으로부터 벗어나기 위해 늘 아버지와 함께 하는 시간을 피하는 버릇이 생겨버렸다.

난 내 아들에게는 아버지와 같은 아버지가 되지 않으리라 결심하고 또 결심했다. 네가 어렸을 때는 그럭저럭 결심했던 대로 실천했던 것 같다. 그런데 네가 초등학교 고학년이 되면서부터 그게 쉽지 않은 일이 되었다.

몇 년 전 겨울방학 때의 일 기억나니? 네가 날이 갈수록 살이 찌는 게 걱정돼서 함께 등산도 하고 운동장도 뛰었다. 그리고 나는 매일 너에게 세 시간씩 책을 읽게 하고 두 시간씩 영어공부를 시켰다. 또한 너의 정신건강을 위해 바보상자인 텔레비전 시청시간을 교육방송 한 시간으로 줄였다. 그런데 책 읽고 공부하는 시간을 뺀 나머지 시간 동안 실컷 텔레비전을 볼 수 있었을 때는 잘 지냈던 네가 텔레비전을 마음대로 볼 수 없게 되자 틱 현상을 보였다. 자기도 모르게 계속 눈을 깜박거렸던 것이다. 그건 나의 억압을 견뎌내지 못하고 불안에 떨고 있는 모습이었다.

돌이켜보니 내가 너를 위해서 해준 일들이 모두 너를 억압하는 일이었다. 산에 다녀와서는 감기에 걸려 일주일 동안 고생을 했고, 책을 억지로 읽게 되자 책을 좋아했던 너는 금방 싫증을 느끼게 되었다. 두 시간씩의 영어공부는 지겨운 고문의 시간이었다. 나는 소스라치게 놀랐다. 내 아들에게 하는 내 모습이 예전에 내게 했던 내 아버지의 모습과 똑같았다. 나는 나의 기대에 못 미치는 네가 무척 못마땅했는데, 그건 바로 어렸을 적의 내 모습이 너에게 투사된 거였다. 또한 나는 내 속에 있는 욕망을 너에게 옮겨놓고서 너를 그토록 닦달했던 거였다.

이처럼 투사된 자신의 모습을 깨닫지 못하는 사람은 계속 미움과 분노를 내뿜으며 상대에게 고통을 주고 자기도 고통을 당하게 된다. 화해하지 못하고 막혀 있는 관계가 인간성을 어떻게 파괴하는지는 4

장에서 충분히 살펴봤다. 그러나 투사였다는 것을 알아차린다면 자기도 그와 다르지 않다는 것을 깨닫게 되고 스스로의 행동을 바꿀 수 있다. 다행히 나도 투사라는 것을 깨닫고 널 억압했던 행동을 모두 중단했다. 독서와 공부, 텔레비전 시청 등 모든 것을 네 어머니에게 맡기고 나는 너와 놀아주기만 하려고 애썼고, 그 후 너와의 관계를 조금씩 회복할 수 있었다.

나의 뒷모습을 마주 보는 고통

영화 〈말아톤〉에서 초원의 어머니는 내가 지금 네게 했던 것과 비슷한 고백을 한다. 다음은 병원에서 남편에게 고백하는 내용이다.

"초원이에게 좋아하는 것 하나 만들어 주고 싶었어. 그런데 어느 날 보니까 그러면서 내가 좋아하고 꿈꾸고 위로받고 있었던 거야. 아무 것도 모르는 애 멋대로 굴려가면서……. 그만 둘 수가 없었어. 그만 두면 내가 살 수가 없을 것 같았어. 초원이는 옛날에 동물원에서 버림받았을 때처럼 또 엄마가 자신을 버릴까봐 힘들다는 말도 못하고 죽도록 마라톤 연습을 해왔던 거야."

자폐아인 아들에게 자신의 욕망을 투사해왔다는 사실을 깨달은 어머니는 결국 아들의 마라톤을 포기하기로 결심한다. 어머니는 초원이가 자발적으로 마라톤을 해야 한다는 것을 뒤늦게 깨달았다. 그런데 다행히 초원이는 어머니가 강요를 해서 마라톤을 한 게 아니라 달리는 게 즐거워서 마라톤을 한 거였다. 어머니의 반대에도 불구하고 혼자 춘천 마라톤대회에 참가한 초원이는 결국 완주를 하고 서브 쓰리(sub 3, 세 시간 안에 마라톤 풀코스를 완주하는 것)를 이루어낸다.

어머니의 헌신적인 노력은 결국 초원이에게 큰 축복이 되었다. 마라톤을 통해서 아들은 세상과 소통하게 되고 타인의 감정과 공감할 수 있을 만큼 성장할 수 있었으니까. 그리고 어머니는 자신의 자아와 솔직하게 만나게 됐을 뿐만 아니라, 내면의 어두운 면까지 끌어안을 수 있는 지혜를 얻었다.

영화 속에서 투사했던 인물들을 보고 나니 투사가 어떤 것인지 알겠니? 아까 봤던 스크린을 다시 떠올려봐. 네가 그토록 싫어했던 사람들의 모습이 어디에 있는 것이었는지. 그럼, 작년에 우리 반이었던 은희의 얘기를 한 번 들어보려무나. 그러면 투사에 대해서 확실하게 알 수 있을 것이다.

뒷담화에 관한 아픈 기억

은희는 모범생 중에서도 타의 추종을 불허하는 모범생이었다. 겉으로 보기에는 말수가 적고 성격이 차분한 편이었다. 다른 아이들로부터 은희가 한 번 얘기를 꺼내면 말을 무척 많이 한다는 말을 듣고 나는 조금 의아해했었는데 나중에 나는 은희의 글을 보고 그게 사실이라는 것을 알게 됐다. 은희는 내가 투사했던 경험을 써오라는 과제를 냈더니 초등학교 6학년 때 겪었던 일을 썼다.

6학년이 되었을 때 은희는 4학년 때 친했던 지영이와 같은 반이 되어 무척 기뻐했다. 지영이와 다시 친하게 지내면서 은희는 지영이의 친구였던 동미와도 친해졌다. 6학년이 된 후부터 지영이가 소위 노는 애들과 어울리기 시작하면서 지영이와 동미의 사이는 멀어졌지만,

은희는 지영이와 여전히 친하게 지냈다. 은희는 같은 가수를 좋아했던 동미와도 점점 가까워졌다.

학기 초에 지영이가 동미에 대해서 욕하는 말을 들었을 때 은희는 그저 동조하는 편이었는데, 그런 일이 반복되면서 은희는 어느덧 자기가 먼저 동미를 욕하게 됐다. 은희는 주로 동미가 사람의 말을 잘 끊고 자기 말만 많이 한다고 욕을 했다. 그러면서 은희는 동미와 있을 때는 지영이에 대해서 달리기를 못한다고 흉을 봤다. 그 자리에 없는 사람에 대해서 흉을 보거나 욕을 하는 걸 뒷담화라고 한다. 뒷담화라는 건 별 생각 없이 시작했다가 나중에 당사자의 귀에 들어가게 되면 수습이 되지 않을 만큼 심한 욕이 되는 경향이 있다. 그러다가 서로에게 큰 상처를 주게 되어 관계가 깨지는 경우가 종종 생긴다. 은희에게도 그런 일이 닥쳐왔다. 은희가 동미에게 했던 욕이 지영이의 귀에 들어가고 말았다. 그 말을 들은 지영이는 은희에게 절교를 선언하며 '너 그렇게 박쥐처럼 이리 붙고 저리 붙으며 살지 마'고 쏘아붙였다.

그 후 동미와 친한 사이가 되어 그럭저럭 6학년을 보냈지만, 은희는 중학교에 들어와서도 복도에서 지영이와 마주칠 때마다 모르는 사이처럼 지나쳐야만 했다. 은희는 글을 쓰며 자기의 욕이 투사였다는 것을 알게 됐다. 은희는 사람의 말을 잘 끊고 한 번 말을 시작하면 끝낼 줄 모르는 성격이었고, 큰 키에도 불구하고 달리기를 매우 못하는 편이었다. 두 친구에게 못마땅해했던 일들이 고스란히 자기 속에서 인정하고 싶지 않은 단점들이었던 것이다. 그 일을 겪은 후 은희는 남의 흉을 보면 소중한 보물인 친구를 잃어버릴 수 있다는 것을 깨닫고 한 번도 다른 사람을 욕하지 않았다고 한다.

마음의 힘이 강한 사람

이제 막을 걷어보자. 나는 네가 이걸 꼭 기억했으면 좋겠다. 저 스크린은 자신이 투사하고 있었다는 사실을 깨달은 사람만이 걷을 수 있다는 것을. 자, 뭐가 보이니? 네 내면의 어두운 골방에 있었던 것들이 잘 보이지? 욕망이 보이고 자존심이 보인다. 두려움과 수치심, 그리고 죄책감도 보이고. 자세히 들여다봐라. 이것들과 친구가 될 수 있겠니? 너는 이런 것들이 네 속에 있는 거라는 걸 인정하고 싶지 않았기 때문에 타인들을 더 미워했고 그들에게 화를 냈던 것이다.

투사라는 걸 알고 자기 속에 있는 부정적인 모습을 인정하면 비로소 그 모습들을 털어낼 수 있는 출발선에 서게 된다. 그러면 '시작이 반'이라는 말처럼 벌써 절반은 치유가 된 것이다.

투사라는 걸 깨달을 수 있는 사람은 스스로의 행동에 책임질 수 있는 사람으로 성장하게 된다. 마음의 힘이 강해져서 어떤 책임도 남에게 떠넘기지 않는다. 자신에게나 타인에게서 투사를 통찰할 수 있는 사람은 다른 사람의 어떤 말이나 행동에도 상처를 받지 않을 수 있을 만큼 현명해진다. 누군가를 험담하거나 미워하는 사람들은 모두 자신의 마음에 있는 것을 드러낼 뿐이라는 것을 알고 있기 때문이다. 오히려 그들에게 연민을 느낄 수 있을 만큼 자애로운 사람이 될 수가 있다. 그리고 자신의 경험을 바탕으로 무지와 증오 속에서 고통받고 있는 사람들을 도울 수도 있다.

네 골방 속에 있는 모나고 까칠하고 못생긴 저것들을 그림자라고도 한다. 왜 그렇게 부르는지 알겠지? 그래, 그것들은 네가 아무리 떼어

내려고 해도 도저히 떼어낼 수 없는 그림자와 같은 것들이기 때문이다. 자, 이제 저것들이 너의 분신이었고 너의 살이었다는 것을 받아들일 수 있겠니? 그래. 네가 드디어 인정하는구나. 그럼 이제 너에게 골방을 벗어나 가슴 더 위쪽에 있는 사랑방에 갈 수 있는 자격이 생긴 것이다. 골방에서 나간 후에 조금 쉬고 그곳으로 가보기로 하자.

가슴의 사랑방을 가꿔가는 길

내면의 골방을 깨끗이 청소한 사람만이 자신의 가슴 속에 있는 사랑방을 볼 수 있다. 자기의 사랑방으로 들어간 순간, 아무도 찾아주는 사람이 없어서 거미줄이 있거나 바닥이 차가운 것을 보고 크게 놀랄지도 모른다. 사랑방은 가슴에 있는 방이므로 본래 따뜻한 아랫목 같은 곳이다. 내 가슴의 온기로 따스하게 데워질 수 있는 곳이다. 지금부터 사랑방을 아름답게 가꿔보자. 반성과 자발성으로 정갈하게 청소를 하고 화해와 사랑으로 정다운 가구들을 들여놓고 말이라는 맛깔스러운 음식도 마련하자. 이따금 지혜의 선물을 선사할 수 있다면 더없이 좋으리라. 준비를 끝내고 기다리고 있으면 손님들이 저절로 찾아들 것이다. 푸근하고 수수한 주인장의 안내로 사랑문을 넘어온 손님들은 한 자리씩 차지하고서는 조곤조곤 얘기를 나누기도 하고 한바탕 흥겹게 놀고 난 후에는 다들 제 집으로 돌아갈 것이다. 가슴마다 웃음의 에너지가 한 가득 안겨 있을 것이다.

6

방문의 열소1를 찾아라

그런데 너, 사랑방이 뭔지는 아니? 솔직히 잘 모른다고? 하긴 네게는 생소한 단어일 것이다. 너 혹시 『사랑손님과 어머니』라는 책을 읽은 적 있니? 그 책을 떠올려봐라. 옥이가 그토록 잘 따랐던 손님이 지내던 방이 사랑방이었다. 친구나 손님이 찾아왔을 때 머물렀다 가는 방이 바로 사랑방이다. 이름이 참 좋지 않니? 누군가 나를 찾아와서 차 한 잔을 마시며 쉬기도 하고 다정한 얘기를 나눌 수 있는 곳, 벗들이 몰려 와서 한바탕 신나게 놀다가 행복해져서 돌아가는 곳. 네 가슴 속에 이런 방이 있다고 생각해봐.

사실은 누구나 가슴 속에 사랑방을 가지고 있다. 그 방을 아예 열어놓지 않거나 한 번도 청소를 하지 않아서 아무도 들어갈 수 없는 더러운 곳으로 만들어버리기 때문에 그 사람에게서 사랑방을 볼 수 없을 뿐이다. 네 가슴에도 사랑방이 있는지 어서 가보자. 왜? 왠지 네게

73

는 사랑방이 없을 것 같다고? 가서 없으면 너무 창피할 것 같으니까 안 갔으면 좋겠다고? 걱정 마라. 틀림없이 있으니까. 이 아버지를 믿고 따라와봐.

자, 봐라. 여기 있잖아. 그것도 네 가슴 속 한가운데 떡하니 자리를 잡고 있지 않니? 이 방이 어떻게 생겼는지 궁금하지? 너부터 들어가서 보거라. 문이 안 열린다고? 그렇다고 그렇게 막무가내로 밀면 어떻게 하니? 그러다 문 부서지겠다. 넌 어쩌면 힘으로만 모든 걸 해결하려다가 망가뜨리기를 잘 하는 이 아버지랑 똑같니? 역시 넌 내 아들이다. 그래도 사랑방만은 부서뜨리지 말자. 음, 역시 이 문은 잠겨 있는 게 틀림없는 것 같다. 봐라. 여기 열쇠 구멍이 있다. 그렇다면 우리가 지금 열쇠를 찾아야 한다. 사랑방을 열 수 있는 열쇠⋯⋯.

나는 그 열쇠를 '자발성'이라고 생각하는데 너는 어떠니? 왜 자발성이냐고? 사람들이 너의 사랑방을 찾아올 수 있다는 것은 네가 먼저 사람들에게 마음을 열었다는 뜻이 된다. 자기 마음의 안방에서만 지내던 네가 사람들이 있는 넓은 곳으로 스스로 나오는 것. 사람들은 너의 그 자발성을 보면서 '아하, 저 사람의 가슴으로 놀러 가도 되겠구나!' 하고 느끼지 않을까? 그들은 네 가슴의 방이 얼마나 넉넉하고 푸근한지는 알 수 없겠지만 네가 열린 사람이라는 것은 느낄 수 있을 것이다.

그럼 이제 자발성의 열쇠를 찾아보자. 그 열쇠가 어디에 있을 것 같니? 네가 밖으로 나오지 않고 꼭꼭 숨어 있던 안방에 있겠지? 그 열쇠는 네 안방의 장롱 어느 깊은 곳에 '도피'라는 이름의 상자 속에 있다. 그럼 안방으로 들어가서 도피 상자부터 찾아보자.

의외로 도피 상자를 쉽게 찾았다. 상자를 보니까 떠오르는 기억이 없니? 생각나는 대로 내게 말해보겠니? 그래, 이 상자는 네가 어려운 일을 만났을 때 숨었던 곳이다. 처음엔 별거 아닐 거라고 생각하며 시작했던 일이 점점 복잡한 문제를 만들자, 그 일을 집어넣고 덮어두었던 상자이기도 하다. 네가 먼저 스스로의 도피 성향에 대해서 온전하게 이해하게 된다면 이 상자를 열 수 있을 것이다.

문제로부터의 도피

도피하고 있을 때 우리는 어떤 모습을 하고 있었지? 그때 우리는 자신의 자아를 들여다보려고 하지도 않았고 자신이 처한 현실을 제대로 바라보지도 않았다. 그런데 너 알고 있니? 도피의 뒷면은 억압이라는 것을. 네가 도피를 좋아하게 된 건 사실은 네 탓만은 아니다. 초등학교 고학년부터 시작되는 '입시'라는 괴물에게 쫓기며 고3까지 줄곧 억압 속에서 살아야 하는 교육현실 탓이 훨씬 크다. 왜 이렇게 됐을까? 개화기에 무지와 문맹 속에서 고통당하는 백성들에게 글을 깨우쳐주고 새로운 지식의 세계를 열어주기 위해 태동했던 학교교육이 어쩌다가 이렇듯 무시무시한 공룡이 되었을까? 물신이 숭배받으며 가진 자와 배운 자만을 위한 사회로 고속질주한 우리의 근현대사가 만들어놓은 불행이 아닐 수 없다.

몇 년 전 학생부로 옮겨 생활지도를 하는 동안 학생들의 수많은 일탈의 모습들을 보면서 나는 크게 놀랐다. 겉으로 표현하지 못하고 속으로 병들어가는 보통 아이들 또한 문제 학생들 못지않게 심각한 상태라는 것을 절실하게 느낄 수 있었기 때문이다. 무수한 아이들이 억압과 도피의 악순환 속에서 망가지는데, 나는 교사로서 그 아이들을 이끌어줄 수 있는 힘이 없었다. 절망과 고민이 깊어지던 어느 날 문득 에리히 프롬의 『자유로부터의 도피』라는 책을 떠올렸다. 그 속에 답이 있을 거라는 예감이 든 나는 몇 년 전에 읽다 말았던 책을 다시 읽기 시작했다.

프롬은 인류의 역사적 사례를 들면서 인간은 억압으로부터 벗어나기 위해 또 다른 억압 속으로 도피하게 된다는 사실을 구체적으로 알려주었다. 중세의 마녀사냥이라든가 히틀러의 나치즘은 종교와 산업사회의 불안으로부터 억압받는 사람들의 심리를 이용하여 대중들을 마녀사냥과 나치즘이라는 새로운 억압 속으로 끌어들인 대표적인 사건들이었다. 나는 그 이론을 학생들에게 적용해봤다. 그랬더니 딱 들어맞았다. 공부와 학교제도라는 억압으로부터 고통받는 학생들은 그곳에서 벗어나기 위해 무단결석과 가출을 하고 흡연과 심지어 폭력까지 일삼지만, 결국 그런 것들은 또 다른 억압 속으로 도피하게 만들 뿐이다. 학교로부터 벗어난 아이들은 무한한 자유를 얻지만 어느 곳으로 가야 할지를 모르기 때문에 주유소나 유흥가 삐끼, 또는 조직폭력배라는 새로운 억압 속으로 도피하는 게 아주 일반적인 순서였다. 프롬은 오직 자발성(영성지수 310)에 기초해서 어떤 대상이나 목표를 향해 나아갈 때만이 억압으로부터 진정한 해방을 얻게 된다고 역설했다. 그러니까 자발성의 열쇠는 도피의 상자를 뚫고 나와야 하는 것이다. 이번엔 영화 속의 인물을 통해서 도피의 모습을 보여주마. 영화 속에는 '근본 문제로부터 도피한 사람'들이 정말 많이 등장한다. 그 사람들이 주로 하는 일은 스스로를 불행하게 만들거나 주위의 사람들을 불행에 빠뜨리는 일이다.

삶으로부터 끝없이 도피하는 남자

〈오아시스〉의 종두는 정상적인 사람들이 그를 봤을 때 '도무지 정신 세계를 알 수 없는 남자' 라는 생각이 드는 사람이다. 형이 '너도 이제 사람 노릇을 해야 하지 않겠느냐?' 고 화를 내도 실실 웃음이나 흘리던 종두는 형이 가까스로 중국집에 취직을 시켜줬더니 쓸데없는 짓을 하다가 교통사고를 내고 말았다.

그렇다고 종두가 자폐증 등의 장애가 있는 사람은 아니었다. 그는 끊임없이 삶으로부터, 또는 삶의 책임으로부터 도피하는 사람이었을 뿐이다. 종두의 모자란 행동은 계속된다. 형의 카센터에서 수리하던 손님의 고급 차를 휴일에 몰래 끌고 나갔다가 차를 찾으러 온 주인에게 형이 모욕을 당하게 만들었고, 심지어 뇌성마비인 여자를 겁탈하려고 하다가 그녀가 입에 거품을 무는 모습을 보고 혼비백산하여 도망치기도 했다.

종두는 삶이라는 문제에 한 번도 정면으로 부딪쳐본 적이 없는 사람이었다. 서른이 넘도록 형의 집에 빌붙어 살면서도 사람 노릇에 대해서, 자기 자신에 대해서 한 번도 고민을 해보지 않았다. 그저 그때그때의 충동이나 욕망대로 살 뿐이었다. 종두는 매순간 삶의 책임으로부터 도망쳐서 충동과 욕망 속으로 숨었던 것이다. 자장면 배달 간 부동산에서 사람들이 고스톱 치는 모습을 구경하다가 늦어져 돌아와 보니 중국집의 문이 닫혀 있었다. 할 수 없이 철가방을 실은 오토바이를 몰고 집으로 돌아오던 길에 영화촬영하고 있던 차를 보고는 신기해하며 정신없이 쫓아가다가 교통사고가 나는 것. 그는 늘 이런 식이었다.

자기 삶으로부터 도망치는 사람들이 그렇듯 종두는 자기 삶의 주인인 적이 없었다. 자신의 욕망과 충동에게 주인의 자리를 뺏긴 상태였으니까. 때문에 새벽에 교통사고를 내고 환경미화원을 죽인 형이 대신 감옥에 가달라고 부탁했을 때도 단호하게 거절하지 못했다. '형은 어머니와 처자식을 먹여 살려야 하니까, 식충이처럼 밥만 축내고 있는 네가 들어가야 하지 않겠느냐?'는 가족들의 무언의 압력에 굴복하지 않을 수 있을 만큼 종두는 자기 삶의 주인이지 못했다.

종두의 모습을 보니까 도피에 대해서 잘 알 것 같지? 그래도 현실에서 그런 사람이 어디 있겠냐고? 그렇다면 현실 속에서 내가 겪었던 이야기를 들려주겠다.

상균이의 도피

몇 년 전 1학년 담임을 맡았을 때의 일이다. 2학기 중간고사를 치를 무렵 교무실로 찾아온 수연이의 말을 듣고 난 큰 충격에 휩싸이고 말았다. 남학생들의 도를 넘는 장난을 보다 못한 수연이가 들려준 녀석들의 행동은 상상을 초월했다. 게다가 그런 짓을 주도한 녀석이 바로 2학기 회장인 상균이라는 사실에 내가 받아야 했던 충격은 더 컸다.

상균이는 회장이 된 후부터 수업시간에 앞에 앉아 있는 친구들의 이름을 부른 후 모른 척하는 장난을 치기 시작했다. 특히 아이들 중 순진하기 짝이 없었던 민주의 반응이 가장 좋다는 사실을 퍼뜨려서 같은 패거리였던 너댓 명에게 줄곧 시달림을 당하게 했다. 상균의 친구들은 이미 쉬는 시간에 약한 아이들 뒤통수를 때리고 모른 척하는 장난을 즐기고 있었는데, 상균이 때문에 그 장난이 수업시간까지 이어졌고, 녀석들의 간은 점점 더 커졌다.

상균이는 수학시간에 선생님이 칠판에 글을 쓰실 때 '선생님' 하고 부른 후, 선생님이 돌아서서 '누가 불렀냐?' 고 물으면 안 부른 척하는 장난을 최초로 시작했다. 패거리들은 맘 좋은 선생님들 시간마다 상균이를 따라 그런 기상천외한 장난을 따라하게 됐다. 그러나 다른 아이들은 상균이를 감히 따라올 수가 없었다. 녀석은 점점 대담해져서 선생님이 설명하실 때 숨이 넘어가는 소리를 몰래 내거나 교묘히 입 모양을 감추고 '근데?' 라는 말을 하면서 선생님을 조롱하기까지 했다. 뿐만 아니라 수업시간 중에 앞에 앉아 있는 아이한테 지우개를 던져서 맞은 아이가 소리를 지르게도 만들었다. 그 모습을 얼핏 보신 선생님이 상균이에게 '네가 지우개 던졌지?' 라고 물으셨을 때도 녀석은 천연덕스럽게 자기가 안 그랬다고 거짓말을 했다. 선생님이 범인이 나올 때까지 기다리겠다고 하며 수업이 끝날 때까지 기다려도, 다른 아이가 왜 자수하지 않느냐며 소리를 쳐도 상균이는 끝까지 발뺌을 해서 끝내 선생님이 화난 얼굴로 교실을 나가게 만들었다.

나는 다음 날 반 아이들에게 무기명 설문지를 돌리고 수업을 방해하는 친구를 3명 이상 쓰라고 했다. 그러자 상균이는 무려 서른 번 가까이 이름이 언급됐다. 10여 차례 이상 이름이 적힌 아이들을 교무실로 불러 그동안 장난친 일들을 20개 이상 쓰라고 했더니 조금 전에 말한 장난들이 다 드러났다. 녀석들은 그 후 무수한 벌 청소와 반성문 쓰기 등으로 무례한 장난을 멈추게 되었다.

나는 1학기 때 의젓하면서 유머감각까지 있어서 아이들에게 신임을 얻었던 상균이가 왜 그렇게까지 망가졌는지 알고 싶어서 하루의 일과를 자세히 쓰라고 했다. 상균이는 집안 사정 때문에 김포에서 통학을 했는데, 일찍 일어나서 우유로 아침을 때우고 학교로 왔다가, 끝나면 또 서둘러 집으로 돌아가서 바로 과외를 하러 간 후 밤늦게 돌아와 TV를 보다가 자는 생활을 반복했다.

중학교에 들어온 몇 달은 그럭저럭 고된 생활을 견뎌냈지만, 어린 나이에 몇 시간씩 통학하며 과외까지 하는 생활이 점점 견디기 힘들어지면서 상균이는 비상한 머리로 상상을 초월하는 장난들을 만들어냈던 것이다. 선생님들을 놀려 먹는 그 순간만큼은 얼마나 스릴이 넘치고 재미있었을까? 전형적인 도피의 모습이었다. 톱니바퀴 같은 일상이라는 1차 억압으로부터 벗어나기 위해 상균이가 숨어들어간 곳은 다름 아닌 아이들과 선생님들을 조롱하는 위험한 장난이었다.

심리학적인 관점에서 본다면 상균이의 행동은 일종의 전위(轉位, displacement)라고 하는 심리작용이었다. 전위란 자신에게 좌절을 안겨준 사람이 매우 강력한 존재일 때 공격의 방향을 무고하고 약한 대상 쪽으로 바꾸는 행위를 뜻한다. 상균이는 자신을 김포에서 통학하게 하여 고생을 시키면서도 아침마다 차로 태워다 주는 아버지에게 감히 대들지 못했지만, 그 아버지로부터 받게 된 좌절을 무고하고 착한 사람들에게로 공격의 방향을 옮겨서 조롱거리로 삼았던 것이다.

나중에 상균이는 내게 자신의 파렴치한 행동을 부모님께는 알리지 말아달라고 통사정했고, '또다시 같은 잘못을 저질렀을 때 부모님께 모든 사실을 알리기로 한다'는 나와의 약속을 잘 지켜서 곧 1학기 때의 모습으로 돌아갔다.

정면 돌파는 소통의 시작

나는 도피란 이를테면 '꿩이 되는 거' 라고 생각한다. 꿩은 잡기가 가
장 쉬운 새라고 한다. 위에서 덮치면 달아날 생각을 하지 못하고 고개
를 땅으로 처박기 때문이다. 고개를 숙이고 아무 것도 보지 않는다고
문제가 해결되는 건 아니다. 사냥꾼이 보이지 않는다고 사냥꾼이 사
라진 게 아닌 것처럼, 문제로부터 숨는다고 문제가 없어지는 게 아니
다. 그러니까 도피는 정면으로 부딪치려 하지 않음으로써 곪아터질
때까지 내버려두는 것이다. 그러나 정면으로 부딪치지 않고 해결되는
문제는 없다.

또 네 할아버지 얘기를 해야겠구나. 그만큼 아버지의 억압은 내게
숙제였나 보다. 난 어렸을 때는 아버지를 무서워했고 사춘기 이후에
는 되도록이면 아버지를 피해 다녔다. 대학 시절엔 집으로 돌아오면
안방에서 텔레비전을 보고 싶은 마음보다 아버지와 함께 있고 싶지
않은 마음이 더 강했기 때문에 인사만 하고 곧장 내 방으로 들어가곤
했다. 그리고 책읽기와 성경공부에 빠져들었다. 성경에서 '원수를 사
랑하라', '네 이웃을 네 몸같이 사랑하라' 는 말씀을 수도 없이 읽었지
만, 나는 집안에 있는 아버지조차 사랑하지 못했다. 굳게 닫혀 있던
아버지 마음의 방 속으로 들어가 보려 한 적이 없었다. 그 당시에는
그런 마음을 도저히 먹을 수가 없었다. 아버지와 정면으로 부딪칠 엄
두를 낼 수가 없었기 때문이다.

대학 4학년 때 아버지가 위암에 걸리셨다. 나는 죽음의 고통 속에

계시는 아버지를 위로해드리고 함께 고통을 나눠야 한다는 것을 알고는 있었지만, 여전히 아버지가 계시는 안방으로 들어가지 못했다. 2년여 후 죽음이 임박했던 아버지가 어머니와 싸우시고 가출하시던 날 잠시 아버지의 마음의 문을 열고 들어갔던 적이 있었다. 나는 기차를 타러 가시는 아버지와 함께 먼 길을 동행하면서 아버지의 마음을 풀어드렸고, 꼭 돌아오겠다는 약속을 받아냈다. 마지막 기회라는 운명의 등에 떠밀려서만 들어갈 수 있었던 아버지의 내면의 방. 그곳은 뼈대만 앙상하게 남아 있던 폐허였다. 아버지야말로 끝없이 술과 도박 속으로 도피했던 분이었으니까.

'정면으로 부딪치기'는 때로 불가피하게 싸움을 해야 하는 상황을 맞게 하기도 한다. 나 역시도 아버지에게 정면으로 부딪쳐봤어야 했다. '아버지 왜 그렇게 사시냐?'고, '나를 사랑하시는 건지 사랑하지 않으시는 건지 도무지 아버지의 마음을 모르겠다'고 소리라도 지르며 내 억눌림과 괴로움을 터뜨렸어야 했다. 그런 싸움은 생산적인 싸움이 될 수도 있었고, 병을 치유하기 위한 투쟁이 될 수도 있었을 것이다. 때로 싸움은 병들어 가고 있다는 것, 곪아터지고 있다는 것을 전달할 수 있는 효과적인 방편이 될 수가 있다. 제대로 전달되었다면 싸움과 함께 비로소 소통이 시작되기 때문이다. 물론 그 싸움이 '공격성'이나 '폭력'으로의 또 다른 도피가 되어서는 결코 안 되겠지만 말이다.

이제 도피에 대해서 충분히 파악했겠지? 그렇다고 생각하면 상자를 한 번 열어보자. 오! 열쇠가 정말 멋지게 생겼구나. 어서 이 자발성이라는 이름의 열쇠를 갖고 들어가자.

이렇게 재미있게 무언가를 한 적이 없었어요

영화 〈반칙왕〉은 유능하지도 못하고 대범하지도 못한 소시민이었던 은행원 대호가 우연히 레슬링에 입문하여 자신의 자발성을 십분 발휘함으로써 용감하고 자신감 있는 존재로 변화하는 이야기다. 대호는 부지점장에게 실적을 올리지 못한다고 질책을 당할 뿐 아니라, 수시로 레슬링 기술인 헤드락으로 고통을 당하는 신세였다. 한 번 부지점장의 팔에 걸려 목이 감기면 옴짝달싹 못하다가 숨이 멎기 직전에 풀려나곤 했다.

그러던 어느 날 프로레슬링 도장을 발견한 대호는 본격적으로 레슬링을 배우기로 마음먹는다. 그러나 체육관 관장은 레슬링 선수가 되기에는 너무 늦었다며 대호를 쫓아버렸다. 그러나 우리의 주인공 대호도 쉽게 포기할 위인이 아니었다. 얼마 후 도장에 반칙 캐릭터를 가진 선수가 필요하자, 관장은 계속 조르던 대호를 결국 받아들인다. 이후 대호는 점점 레슬링의 매력에 빠져들었다. 관장은 반칙기술만을 가르쳐주지만 대호는 혼자 비디오테이프를 보면서 고난이도의 기술들을 터득해갔다.

링에 올라간 대호는 놀라울 정도의 끼와 쇼맨십을 발휘하여 관중의 큰 호응을 얻었다. 차츰 경험을 쌓아나가던 대호는 드디어 유명선수인 강적 유비오와 시합을 갖게 된다. 미리 짜여진 각본상으로는 장내 아나운서의 '10분 지났다'는 멘트가 나오면 유비오가 기술을 걸어서 승리를 하는 거였다. 어차피 유비오에게 대호는 실력이 되지 않는 상대였으니까. 그러나 막상 링에 올라간 대호는 신들린 듯한 투지와 힘으로 유비오를 몰아붙인다. 당황한 유비오는 대호를 링 밖으로 내

83

던진 후 쇠기둥에 박고 의자로 내려치며 끝장을 내려고 한다. 대호 역시 유비오에 맞서서 의자를 집어던지고 주먹질을 하게 되고, 두 사람은 링 밖에서 반칙 대결을 벌이다 결국 무승부로 경기가 끝난다.

관장의 딸이 대호에게 왜 레슬링을 하느냐고 물었을 때, 대호는 이렇게 대답했다.

"여태까지 내가 이렇게 재미있게 무언가를 한 적이 없었어요. 사각 링 위에 올라갔는데 떨리기는커녕 왜 그렇게 힘이 나고 신이 나던지, 여기에서만큼은 누가 뭐래도 내가 최고라는 생각이 들더라고요."

자, 대호의 말을 들으니 자발성이 어떤 역할을 하는지 잘 알 수 있겠지? 나는 레슬링을 통해 자신감과 성취감을 느꼈던 대호처럼 '코스튬 플레이'를 통해서 유감없이 자발성을 발휘했던 학생들을 알고 있다.

자발성이라는 놀라운 능력

오직 자발성을 살려주는 길이 아이들을 일탈과 도피로부터 벗어나게 해주는 길이라는 것을 깨달은 나는 몇 년 전 특활부로 부서를 옮기고 동아리활동을 활성화하는 일에 전념했다. 먼저 300만 원이라는 예산을 확보했고, 미리 동료교사들에게 부탁하여 10개의 동아리를 개설한 후 새 학기가 시작하자마자 대대적으로 동아리 신입회원을 모집했다. 많은 아이들이 '영화 만들기', '힙합', '인라인 스케이트', '등산', '그룹사운드' 등의 동아리에 가입하여 자신들의 끼와 열정을 발휘하며 열심히 활동했다.

그런데 그 중 가장 놀라운 성과를 거둔 동아리는 아이들 스스로 만들어서 운영되었던 '코스프레'였다. 코스프레 동아리는 이미 2년 전에 졸업반 아이들이 주축이 되어 회원을 구성한 후, 자기들이 가장 마음에 드는 선생님에게 지도교사를 맡아달라고 의뢰를 하여 조직된 동아리였다. 내가 지도했던 영화 만들기 동아리의 경우에도 시나리오라든가 촬영이나 편집 등의 과정을 교사의 도움 없이 진행하지 못하는 형편이었는데, 코스프레만큼은 모든 걸 알아서 했다. 그 아이들은 스스로 모여서 만화 캐릭터를 선정하고 의상을 만들고 분장을 했으며 놀라운 창의력으로 안무와 음악을 만들어냈다. 다른 동아리들은 코스프레의 조직력과 창의성을 도저히 따라오지 못했다.

한번은 '서울학생동아리한마당'이라는 큰 대회를 앞두고 제대로 연습할 수 있는 장소를 구하지 못해 어려움을 겪은 일이 있었다. 동아리 리더였던 여학생 2명이 특활부로 찾아와 강당을 힙합반과 함께 쓰기 때문에 음악에 맞춰서 실전 연습할 수 있는 공간이 없다며 하소연을 해왔다. 게다가 방과 후에 배드민턴을 치러 올라오시는 선생님들까지 강당 한쪽을 차지한다고 투덜거렸다. 힙합반과 연습 시간을 조정하는 것도 어려웠지만, 선생님들에게 강당 출입 금지를 요구하는 것도 그리 바람직하지는 않았다. 내가 그런 사정을 설명하자 코스프레 리더들은 '저희는 제대로 연습을 하지 못한 상태에서는 대회에 나갈 수 없으니 선생님들이 문제를 해결해주셔야 된다'며 거의 협박을 하는 거였다. 나는 고심 끝에 옥상을 생각해냈다. 서무실의 협조를 얻어서 잠겨 있던 옥상을 아이들에게 개방함으로써 겨우 문제를 해결할 수 있었다.

며칠 후 아이들의 연습이 잘 되고 있나 살펴보기 위해 옥상으로 올라간 나는 장엄한 음악에 맞춰서 거침없이 전진하며 대형을 만들고 멋진 동작을 취하는 아이들의 모습을 보면서 가슴이 벅차오르는 감동을 느꼈다. 그것은 사는 동안 쉽게 느끼기 힘든 귀한 감동이었다. 비록 네가 태어났을 때 느꼈던 감동에는 미치지 못했지만 거의 그런 수준에 육박하는 것이었다. 얼마 후 '서울학생동아리한마당'에 참가한 코스프레 동아리는 다른 학교가 따라올 수 없는 세련된 동작과 멋진 의상으로 공연을 했고, 3년 연속으로 우수상을 거머쥐는 저력을 보여주었다.

결과도 훌륭했지만 코스프레 아이들은 무엇보다 과정이 아름다웠다. 누가 시키지 않았는데도 토요일과 일요일까지 학교에 나와서 연습을 하고, 서로 머리를 맞대고 의상과 안무를 만들면서 유감없이 창의성을 발휘하는 등 그 아이들은 스스로 자신들의 활동의 온전한 주체였다. 또한 졸업한 선배들이 방과 후에 간식을 사들고 후배들을 응원하러 올 만큼 선후배 관계도 돈독했다.

코스프레 아이들은 목표를 향해 두려움 없이 도전했고 놀라운 팀워크를 발휘하여 만족할 만한 성취를 이루어냈는데, 나는 그 경험들이 아이들의 인생에서 무엇과도 바꿀 수 없는 자산이 될 거라는 걸 확신할 수 있었다. 가슴 속에 자발적인 열정을 지녔던 아이들은 길이 막혔을 때는 교사에게 협박성 발언도 마다하지 않으면서 자기들의 정당한 권리를 주장할 줄도 알았고, 그런 과정을 통해서 유연한 문제해결력을 배울 수도 있었던 것이다.

기억해라. 〈반칙왕〉의 대호처럼, 코스프레 아이들처럼 오직 자발성에서 비롯되어 찾아간 대상을 향해서 너의 열정을 불태울 수 있을 때만 네 삶의 당당한 주인이 될 수 있다는 것을.

얘기에 몰두하다 보니 벌써 사랑방에 다시 도착했구나. 정말 궁금
한데? 우리 아들의 사랑방이 어떤 모습인지. 자, 열쇠를 꽂고 문을 힘
껏 열어봐라.

7

사랑방
청소하기

이건 생각보다 더 심각하구나. 너도 놀랬지? 네 사랑방이 이렇게 형편없을 줄은. 하지만 걱정 마라. 청소하고 나면 확 달라져 있을 테니까. 물론 화려하면서도 우아한 벽지로 도배도 하고 나무무늬 장판도 깔아야겠지. 그런데 나는 네 사랑방이 이렇게 큰 게 정말 마음에 든다. 잘 정돈된 방이라도 크기가 작으면 찾아온 사람들이 비좁은 곳에서 얼마나 갑갑해하겠니? 이렇게 널찍하니까 네가 정돈만 잘 하면 여러 사람이 들어와도 넉넉하게 품을 수 있는 방이 될 수 있겠다. 그런데 공사를 크게 하긴 해야겠다. 우선 청소부터 시작하자. 평소에 네 어머니는 네가 하는 청소가 마음에 안 들어서 내가 다 하지 않는 것을 불만스러워했지만, 난 앞으로도 꾸준히 너희들과 청소를 함께 할 계획이다. 그래야 마음의 청소도 잘 할 수 있을 테니까.

그런데 집안 청소는 청소기로 하지만 마음의 청소는 뭐로 해야 할

내 마음의 방은
몇 개인가

까? 그래, 맞아. 바로 '반성'이야. 그런데 사실 '인간의 반성'은 인간 존재의 본질이라고 말할 수 있다. 철학자 데카르트의 말을 들어보면 그 말을 이해할 수 있을 것이다.

나는 반성한다, 그러므로 존재한다

인간이란 참으로 난해한 존재다. 데카르트는 '나는 생각한다, 그러므로 존재한다'라는 유명한 말로 철학사의 거대한 획을 그었다. '사람이 보는 것과 아는 것, 그리고 생각하는 것들이 참된 것인가?'라는 의문을 최후까지 밀어붙였을 때 확실한 것은 아무 것도 없다는 인식에 도달했던 데카르트는 '자기를 인식하고 있는 자기' 밖에 확실한 것이 없다는 결론에 도달했다. '자기를 생각하는 자기'는 '자기를 반성하는 자기'라는 뜻이다. 그리고 사람은 자신의 밖에서 자신을 들여다볼 수 있을 때 스스로를 반성할 수 있는 존재가 된다.

이 자기반성이 중요한 이유는 스스로를 반성하는 사람과 반성하지 않는 사람의 차이가 하늘과 땅 같기 때문이다. 신의 경지에까지 도달한 성자에서 짐승보다 못한 패륜아까지 사람이 도달하는 수준에는 엄청난 격차가 있다. 사람은 반성이라는 사다리를 통해서 고결한 영혼이라는 목적지에 도달하는 존재다.

반성을 하기 위해서는 자신을 비춰볼 거울이 필요하다. 거울을 본다는 것은 자신에게 거리를 둔다는 말이다. 무엇이 우리에게 거울이 되어줄까? 가장 먼저 떠오르는 건 역시 책이다. 인류의 경험과 지혜가 농축된 명작들을 읽다보면 스스로를 그 거울에 비춰보고 자신의 부족했던 모습들을 반성하게 된다. 또 다른 거울은 '아름답게 살아가는 타인의 삶'이라는 거울이다. 우리는 순수하게 다른 사람을 사랑하고 섬기는 사람들의 모습을 볼 때 감동을 받고 스스로를 돌아보게 된다.

데카르트의 말이 잘 이해가 되니? 자, 그럼 영화 속에서 뜨겁게 반성했던 인물부터 만나보자. 그러면 반성의 본질이 네 가슴 속으로 화살처럼 들어가 박힐 것이다.

순결한 사랑에 남루한 자아를 반성하다

〈파이란〉은 마흔이 다 됐는데도 친구가 두목으로 있는 조직의 똘마니 노릇을 하고 있는 한심한 인물 강재가 주인공이다. 그는 고등학생들에게 포르노 테이프를 팔다가 경찰서에 잡혀 들어갈 정도로 '생각 없이' 살았기 때문에 새카맣게 어린 후배들에게도 무시를 당했다. 겁이 많고 모질지 못한 강재란 인물은 천성이 조폭하고는 어울리지 않았는데, 다른 직업을 가질 만큼 성실하지도 못해서 밑바닥 삶을 하루하루 연명하는 형편이었다.

영화 후반부에 스스로를 국가대표 호구(糊口)라고 말하기 전까지 그는 자기를 객관적으로 생각할 수 있는 '자기의식'이 없는 사람이었다. 자기를 자기 바깥에서 바라보지 못하는 사람은 자기를 반성하지 못하는 사람이기도 하다. 그리고 모든 구제불능은 그 '반성 없음'에서 비롯된다.

그런데 이런 쓰레기 인생에게도 반성의 놀라운 순간이 찾아왔다. 바로 강재가 돈을 받고 위장결혼을 해준 강백란(파이란)이라는 조선족 밀입국 여자의 편지를 통해서 반성이라는 기적이 일어났던 것이다. 불행하게도 백란은 강재와 위장결혼을 한 지 1년도 못 돼서 폐결핵으로 죽고 말았다. 강재는 법적 아내의 사망신고를 하기 위해 백란이 살았던 지방으로 내려가던 기차 안에서 후배로부터 그녀의 편지를 건네받게 된다.

'강재 씨에게. 결혼해주셔서 감사합니다. 강재 씨가 결혼해주셔서 한국에서 계속 일을 할 수 있습니다. 여기 사람들은 모두 친절합니다. 여기서 계속 일하고 싶습니다. 모두 친절하지만 강재 씨가 제일 친절합니다. 나와 결혼해주셨으니까요. 진심으로 감사합니다.'

아마도 강재는 한 여인으로부터 자신의 이름이 호명된 '강재 씨에게'로 시작되는 편지를 난생 처음 받아봤을 것이다. 인간쓰레기인 자신에게 결혼해주어서 고맙다는 편지를 읽던 강재의 가슴은 크게 동요한다. 낯선 이국땅에서 고아나 다름없었던 백란은 고된 세탁일을 끝낸 후, 불 꺼진 방에서 외로운 잠을 청하며 자신과 결혼해준 남자를 그리워했던 것이다. 백란의 상상 속에서 강재는 친절하고 웃는 모습이 멋진 남자였다.

편지를 읽으며 백란의 애틋한 사랑을 느낀 강재는 백란의 상상 속에서의 모습과 자신의 참된 모습 사이의 커다란 간극을 느끼게 된다. 그럼으로써 비루하고 저급한 자신의 본래 모습에 대해 비로소 눈을 뜬다.

백란의 집에 도착한 강재는 그녀의 마지막 편지를 통해서 백란이 자신을 만나기 위해 꺼져가는 생명의 불씨를 안고 찾아왔던 순간 경찰에게 붙잡혀 가는 모습을 보여줬다는 사실을 알고서 존재 전체로 뉘우치며 꺽꺽 흐느껴 운다.

이국땅에서 자신의 삶을 더럽히지 않기 위해 험한 세탁소 일을 하면서도 감사하는 마음으로 온힘을 다해 살다가 병들어 죽어간 여인, 그 여인의 맑고 깨끗한 삶의 거울에 낱낱이 비춰진 자신의 삶은 어떤 모습이었을까? '나는 왜 이렇게밖에 못 살았을까? 이렇게 남루하고 비열하게밖에 못 살았을까?' 자신의 삶을 참되게 반성하게 된 강재는 조직생활을 버리고 새로운 인생을 살기로 결심한다. 그러나 무정한 조직은 그걸 용납하지 않는다. 사실은 아무 생각 없이 어리석게만 살아왔던 강재의 뒤얽힌 과거가 자신의 새 출발을 용납하지 못했을 것이다. 결국 강재는 자신의 삶을 깨끗하게 씻어준 백란의 모습을 비디오로 보며 그의 인생 최고의 감동을 느끼던 순간에 두목이 보낸 조직원에 의해 죽고 만다. 아름답고 순전한 여인의 사랑을 확인하던 순간, 생의 가장 행복하고 눈물겨운 순간에 죽음을 맞았던 강재의 죽음은 어쩌면 죽음 치고는 행복한 죽음이 아니었을까?

백란은 죽음을 앞두고 쓴 편지에서 마지막 부탁이 강재의 아내로 죽는 것이라고 썼다. 그리고 당신에게 줄 수 있는 게 아무 것도 없어서 죄송하다고 했다. 그런데 그 말은 사실이 아니었다. 백란은 강재가 이제껏 살아오면서 누구에게도 받아보지 못했던 사랑이라는 최고의 선물을 주고 떠난 것이었으니까.

너는 강재처럼 크게 뉘우친 적이 있니? 한 번 말해볼래? 나부터 말해달라고? 그 녀석 참, 꼭 곤란한 일은 나한테 떠넘긴다니까. 미안하구나. 네게 들려줄 만한 감동적인 반성의 경험이 없어서. 그 대신 네 외할아버지의 '감동적인 반성 이야기'를 들려주마.

외할아버지의 반성

외할아버지는 네 친할아버지처럼 어렸을 적에 어머니를 여의고 힘든 청년시절을 보내셨다. 그러다 신앙심 깊은 외할머니를 만나서 가정에서는 착실한 가장이요, 교회에서는 건실한 장로님으로 거듭난 분이다.

그렇지만 외할아버지의 급하고 다혈질적인 성격 때문에 외할머니는 늘 조마조마한 마음으로 살아오셔야 했다. 그러다가 십년 전 외할머니가 중풍으로 쓰러지셨다. 왼쪽 팔과 다리를 제대로 움직이진 못하셨지만 외할머니는 곧 불편해진 몸으로도 집안 살림을 할 정도로 회복되셨다. 하지만 예전처럼 지물포를 운영하거나 교회활동을 왕성하게 하시지는 못했다.

몇 년 동안 외할아버지가 중풍에 좋다는 음식과 치료를 아끼지 않으신 덕분에 외할머니는 교회에 다닐 정도로 좋아지셨는데, 그때 다시 큰 사고가 일어났다. 그러니까 그 일은 처음 쓰러지시고 5년이 지난 후에 일어났다. 외할머니의 거동이 많이 좋아지셨다는 걸 확인한 목사님이 대예배 대표기도 순서에 외할머니의 이름을 올리셨던 것이다. 외할머니가 대표기도를 드리던 날 외할아버지는 정말 뿌듯해하셨다. 사실 대표기도는 건강한 사람에게도 큰 부담을 주었기 때문에 외할머니가 감당하기에게는 힘겨운 일이었다. 외할머니는 처음에 강단으로 나가지 않고 앞자리에 서서 기도를 하려고 하셨다. 그런데 외할아버지가 강단에 나가서 기도를 해야 한다고 고집을 부리셨다. 외할머니는 외할아버지의 고집을 꺾지 못하고 강단에 나가서 대표기도를 드리셔야 했다. 걱정했던 것과는 달리 외할머니의 기도는 막힘이 없었고 모든 교인들에게 큰 감동을 주었다. 그러나 은혜로운 기도가 끝나고 교인들이 큰 소리로 '아멘'을 하던 순간에 외할머니는 또 쓰러지셨다. 외할머니는 응급실에서 생사를 넘나들다가 일주일 만에 깨어나셨지만, 이번엔 오른 쪽으로 중풍이 왔기 때문에 식사에서 대소변까지 혼자 하실 수 없을 정도로 악화되고 말았다.

외할아버지는 의지가 강하신 분이었기 때문에 외할머니를 다시 일어서게 하려고 극진히 보살피셨고, 재활운동법도 배워서 매일 운동을 시키셨다. 하지만 그 기간들은 두 분에게 끝없는 고통과 불화의 시간이었다. 외할아버지는 몇 년이 지나도 휠체어를 버리지 못하는 외할머니에게 시도 때도 없이 화를 쏟아내셨다. 외할머니는 아무리 애를 써도 움직여지지 않는 몸 때문에, 그리고 외할아버지의 분노와 짜증 때문에 이중으로 고통스러워하셨다. 가운데에서 두 분을 돕고 화해시키는 일에 지쳤던 네 어머니는 특히 외할아버지의 불같은 기질과 가족들을 들볶는 성격에 점점 힘들어했다. 두 번째 쓰러지시고 3년 뒤에 외할머니의 몸이 조금 호전되셨을 때, 한 순간의 실수로 외할머니가 휠체어에 탄 채 계단으로 굴러떨어지는 사고가 또 일어났다. 그 사고로 외할머니를 보란 듯이 일으켜 세우겠다는 외할아버지의 꿈은 산산조각이 나버렸고, 외할아버지는 큰 절망에 빠지셨다. 그런데 그 후부터 외할아버지가 변하기 시작하셨다.

실낱 같은 희망이 사라지자 마음을 비우신 외할아버지는 모든 것을 하나님께 맡기고 성경 읽기에 전념하셨다. 하루 중 외할머니를 간호하고 살림을 하는 시간을 제외한 모든 시간을 성경묵상을 하는 데 보내셨다. 그렇게 성경을 읽기 시작하신 몇 달 후부터 외할아버지는 완전히 다른 분으로 변해가셨다. 외할머니에게 불같이 화를 내거나 짜증을 내던 모습은 사라지고 온화하고 자상한 성격으로 서서히 변해 가셨다. 중풍이 빨리 나아지지 않는 것을 조급해하며 불안해했던 마음도 차츰 여유로워졌다.

하루에 여덟 시간 이상 성경을 읽으시면서 외할아버지는 날마다 하나님의 말씀에 자신의 마음을 비춰보셨다. 그리고 반성하고 또 반성하시며 새로운 존재로 거듭나셨던 것이다. 외할아버지는 자신에게 주어진 고통과 불행을 겸허히 받아들이며 아내에게 손발이 되어 줄 수 있다는 사실만으로도 감사하는 마음을 갖게 되셨다. 성경읽기를 시작한 지 4년째인 지금은 1년에 10번을 읽으시는데 읽을 때마다 새록새록 재미가 있다고 말씀하실 정도로 높은 수준에 도달하셨다.

고집이 세고 다혈질이셨던 외할아버지를 원망하고 미워했던 네 어머니의 입에서 '세상에서 가장 존경하는 분이 아버지' 라는 말이 나올 정도로 외할아버지는 가족들에게 인정과 존경을 받는 분이 되셨다. 오늘도 외할아버지는 새벽마다 자식들을 위해서 기도해주시는 든든한 후원자이시고, 매일의 고통 속에서도 기쁨과 감사의 마음을 잃지 않으시는 믿음의 사람으로 올곧게 살고 계신다.

그런데 외할아버지는 성경 말씀을 그토록 재미있게 읽으셨는데, 왜 우리는 그렇게 하지 못하는 걸까? 그건 성경 말씀을 비추는 우리 마음의 거울에 그만큼 때가 덕지덕지 끼어 있기 때문일 것이다. 거울이 더러운데 어떻게 거울에 비춰진 자신의 마음을 제대로 볼 수가 있겠니? 반면에 성경 말씀을 통해 점점 거울이 깨끗해지신 외할아버지는 되비추어진 마음의 때가 잘 보이셨던 것이다. 따라서 성경이라는 거울을 통해서 마음속에 있는 잡동사니들을 정갈하게 치우는 일이 외할아버지께는 그토록 즐겁고 보람 있는 일이 될 수 있었다.

너도 나중에 외할아버지처럼 네 아들과 딸에게 존경받는 아버지가 되면 좋겠다. 아버지 먼저 그런 분이 되셨으면 좋겠다고? 나도 정말 그런 존재가 되기를 간절히 바라고 있다. 그래서 너와 지금 이런 여행을 하고 있는 것이기도 하고.

자, 이젠 청소가 거의 다 끝난 것 같다. 우리 집안 청소를 하듯이 날마다 마음 청소하는 일도 게을리 하지 말자. 아니 집 청소는 가끔 쉬더라도 하루의 반성만은 쉬지 말자꾸나. 자, 이러고 있을 때가 아니다. 부지런히 청소를 마무리 하고 서둘러서 도배를 해야지. 그래야 네 사랑방을 찾아올 첫 손님을 맞을 수 있을 테니까.

8

무엇으로
도배할까?

그럼 도배를 시작해볼까? 무슨 벽지로 도배를 할까? 이번엔 내가 그냥 답을 가르쳐주마. 화려하면서 우아한 벽지는 바로 '화해의 벽지'란다. 자기 자신과 화해하지 못한 사람의 사랑방으로 들어가본 사람은 알 것이다. 그곳이 얼마나 불편한지. 자신을 불편해하는 사람이 어떻게 타인을 편하게 해줄 수 있겠니? 그런데 자신과 화해하지 못하는 사람들의 공통점이 있다. 그건 그 사람들이 부모님과 화해하지 못한 사람들이라는 것이다. 세상에 태어나는 순간부터 부모님의 절대적인 영향을 받을 수밖에 없는 인간은 부모님이 자신을 대하는 방식대로 스스로를 대할 수밖에 없기 때문이다.

그런데 아들의 경우엔 어머니와는 화해의 관계를 잘 맺지만 아버지와는 화해의 관계를 맺지 못하는 경우가 대부분이라고 한다. 대학생들에게 성경을 가르쳤던 목사님의 경험에 따르면 남학생들의 경우

대부분 아버지와의 관계에서 문제를 안고 있었다고 한다. 어려서부터 엄하고 무서웠던 아버지로부터 받았던 상처 때문에 대부분의 아들들은 아버지에 대한 미움과 원망으로 고통을 겪고 있었다. 그들은 마음속에 있는 아버지에 대한 미움을 해결한 후에야, 하나님 아버지도 참되게 만날 수 있었다고 한다.

그래 너 역시 아버지와 화해해야 하는 거다. 바로 나와 말이다. 너 솔직히 말해볼래? 어머니보다 나와의 관계가 더 부담스러운 게 사실이지? 사실 내가 너를 무지막지하게 때린 적도 있고—딱 한 번이었지만 말이야. —내 아버지와 똑같았던 감정을 너에게 투사해서 너를 못마땅해하기도 했었으니까 나도 너에게 할 말은 없다. 너 그거 아니? 이 아버지도 알고 보면 꽤 마음이 따뜻한 남자라는 걸. 네가 태어났을 때 가슴이 마구 벅차올랐던 그 아버지였다는 걸. 나도 네게 조금 섭섭한 것은 있다. 넌 어머니한테는 아무리 심하게 혼이 난 후에도 금세 하하거리며 잘 웃으면서, 내가 가끔 인상 좀 쓰고 야단을 치고 나면 한참 동안 나한테 섭섭해했었다. 좀 불공평한 것 같지 않니? 그건 내가 인상 쓰면 어머니보다 더 무섭고 긴장되기 때문이라고? 하긴 내가 웃을 때는 사람이 참 좋아 보이는 반면, 험악해지면 정말 꼴도 보기 싫을 만큼 더러운 인상이 된다고 네 어머니가 말하곤 했다. 너희들에게 화가 날 때마다 '화난 사람처럼 연기하기'를 꼭 기억해서 그렇게 한다면 훨씬 나아지지 않을까 싶다.

지금부터 내가 말하는 '아버지'라는 말에는 두 가지 의미가 들어 있다는 것을 이해해주기 바란다. 네 아버지인 나를 뜻하기도 하지만, 세상의 모든 아버지들을 뜻하는 보통명사로서의 아버지를 뜻하기도 하니까 네가 헷갈리지 않았으면 좋겠다. 아버지와 화해하기 위해서는 왜 아버지를 미워하게 되는지를 먼저 이해해야겠지?

아버지를 공격하고 싶은 욕구

정신분석이란 용어를 처음 소개한 프로이트는 아버지와 아들의 '억압-좌절 관계'를 '오이디푸스 콤플렉스(oedipus complex)'라는 이론으로 설명했다. 열 달 동안 어머니의 뱃속에서 지냈던 아기는 세상에 태어난 후에도 한동안 어머니와 자신을 동일한 존재로 인식한다고 한다. 그러다가 세 살에서 여섯 살이 되어야 어머니가 자기와 다른 존재라는 것을 느끼기 시작한다. 이때부터 아들은 어머니를 이성으로 여기고 독차지하려는 욕망을 갖는다. 그렇게 되자 아버지는 사랑의 경쟁자가 되고 물리쳐야 하는 적이 되는 것이다. 급기야 아들은 아버지를 살해하려는 욕망을 느끼게까지 되는데, 결국 아버지는 극복할 수 없는 존재라는 것을 깨달아가면서 자신의 욕망을 포기하고 이번엔 아버지를 동일시한다. 아들은 아버지의 행동과 태도를 자신의 것으로 삼고 점점 아버지를 모방하면서 오이디푸스 콤플렉스를 넘어선다는 게 프로이트의 주장이다.

나는 프로이트의 주장에 일부분 동의하지만 그보다는 에리히 프롬의 견해에 전적으로 동감한다. 프롬은 아들이 어머니를 독차지하려는 욕구를 프로이트와는 다르게 해석했다. 태아였을 적에 어머니의 자궁 속에서 지극한 평화와 안정감을 느꼈던 아기는 어머니를 안정과 보호를 주는 존재로 인식한다. 반면에 가부장제 사회에서 아들은 아버지에게 소유물의 의미를 갖고 있고, 또한 아버지에 의해 거의 운명이 결정되기 때문에 아들은 줄곧 아버지의 마음에 드는 존재가 되어야 한다는 압박감을 느낀다. 아버지에게 순종하는 동안 아들의 내면에서는 점점 아버지에 대한 공격성도 함께 자란다.

나 역시도 투사에 관해서 쓴 것처럼 나를 억압하고 짓누르는 존재로서 아버지를 인식하면서 학창시절을 보내는 동안 마음고생을 심하게 했다. 아버지에 대한 미움과 원망은 아버지가 위암에 걸리신 후에야 어느 정도 풀어지긴 했지만, 돌아가신 후에도 나의 마음을 무겁게 짓누르곤 했다.

영화에 나오는 아버지들의 모습은 어떨까? 적지 않은 영화들이 아주 대조적인 아버지와 아들의 이야기를 하고 있다.

아버지의 속사랑은 어디에 감춰져 있나?

영화 〈똥개〉에는 어머니를 일찍 여의고 아버지와 부대끼며 살아가는 아들의 이야기가 나온다. 머리가 나쁘고 주먹을 잘 써서 곧잘 사고를 치기는 하지만 정이 많고 의협심에 불타는 청년이었던 철민은, 형사반장에서 수사과장으로 승진할 만큼 성실하고 철두철미한 아버지와는 대조적인 성격이었는데, 그로 인해 아버지와 점점 갈등을 겪는다.

친구 재덕이네 아버지의 일로 데모를 하다가 경찰을 때려서 잡혀 들어온 철민을 겨우 빼낸 아버지가 철민에게 사건이 조용해질 때까지 잠시 나갔다 오라고 말한다. 재덕의 아버지 일을 해결해주겠다는 약속을 듣고 싶었던 철민은 아버지에게 더 화가 나서 집을 나가겠다고 큰소리친다. 아버지와 아들은 전혀 소통이 되지 않았고 서로를 향한 원망과 분노만 쌓여갔다. 그러다 갈등이 극에 달하자 서로 해서는 안 될 말을 하고 말았다. 철민이가 누가 아버지랑 같이 살고 싶어서 살았냐고 소리를 지르자, 아버지의 입에서도 그동안 쌓아두었던 말들이 쏟아져 나왔다.

"그래, 집 나가서 네 마음대로 살아봐라. 나도 사고만 치는 아들 없이 편하게 살아보자. 왜 태어나서 속만 썩이냐? 나도 네 눈치 안 보고 재혼해서 행복하게 살고 싶다."

아버지의 말에 큰 충격을 받은 철민은 피눈물을 흘리며 뛰쳐나가서는 집으로 들어오지 않는다.

그러던 중 악덕 국회의원 밑의 3류 조폭이었던 진묵이 재덕을 흠씬 두들겨 팬 사고가 일어난다. 분노한 철민은 패싸움을 벌이다 막 진묵과 한판 붙으려던 순간, 출동한 경찰들에게 붙들려 가게 된다. 면회온 아버지에게 철민은 자신이 잘못한 일은 스스로 책임지겠다고 큰소리를 친 후, 왜 태어나서 괴롭히느냐고 했던 말이 진짜냐고 묻는다. 그러자 아버지는 아들에게 가슴 속 깊이 묻어뒀던 얘기를 해준다. "네가 태어날 때 의사가 널 낳으면 엄마가 위험하다고 했는데 내가 낳자고 했다. 그래서 네 어머니한테는 지금도 너무 미안하다." 그 말을 듣고 나서야 철민은 비로소 자신을 향한 아버지의 속사랑을 깨닫는다.

유치장에서도 말썽을 일으키던 철민 패거리와 진묵 일당은 결국 철민과 진묵이 1대 1로 싸워서 지는 쪽이 모든 책임을 지기로 합의한다. 두 사람은 각서를 쓰고 지장을 찍은 후 운명의 결투를 시작했다. 사각의 유치장 안에서 벌어지는 두 사람의 싸움은 그야말로 개싸움을 연상케 하는 처절한 싸움이었다. 서로 피터지게 싸워도 결판이 나지 않던 싸움은 결국 철민이 진묵의 목을 잡고 '한 번 문 것은 절대로 놓지 않는 똥개'처럼 물고 늘어져서 이기게 된다.

　참혹한 싸움을 끝내고 유치장에 주저앉은 철민의 뇌리에 퍼뜩 떠오른 것은 어머니였다. 왜 어머니가 생각났을까? 처절한 고통을 견뎌낸 후에야 철민은 자신의 삶이 어머니의 목숨을 대가로 얻은 삶이었다는 것을 새삼 깨달았던 것이다. 철민은 자신이 어머니의 뜻과는 반대로만 살았던 청개구리였음을 고백하며 뜨거운 참회의 눈물을 흘린다. 그 눈물은 최초로 자신의 잘못을 스스로의 힘으로 해결해냈다는 뿌듯한 성취감 뒤에 찾아온 각성의 눈물이기도 했다. 비로소 철민은 자신의 삶을 스스로 책임질 줄 아는 '어른'으로 성장한 것이다.

　자유로운 몸이 된 철민이 경찰서에서 아버지를 보고 '집에 안 가느냐?'라고 묻자, 부패한 국회의원을 잡아넣은 아버지 또한 뿌듯하고 여유로운 목소리로 '집에 가 있어'라고 대답한다. 그 순간만큼은 아버지는 아들이 대견하고 아들은 아버지가 자랑스러운 순간이었다.

그런데 너는 나에게 아버지로서의 사랑을 느꼈던 적이 언제였니? 설마 한 번도 없었던 것은 아니겠지? 뭐? 몇 년 전에 우리 둘이서만 집에서 지낼 때 내가 계란 프라이 세 개 해서 나 하나 먹고 너 두 개 줄 때였다고? 하하. 하긴 네가 어렸을 때 입버릇처럼 '커서 엄마랑 결혼할 거'라고 하길래, 내가 그 이유를 물었더니 엄마가 밥해주기 때문이라고 말했던 녀석이었으니까 그럴 만도 하다.

　영화를 보고 아버지의 속사랑에 대해서 생각하니까 '아버지와의 화해'가 어느 정도 된 것 같니? 그동안은 아버지의 가슴속에 있는 사랑에 대해서 무감각했었는데 이제는 조금 느낄 수 있을 것 같다고?

이제 벽 두 개 정도는 도배를 한 것 같구나. 자, 서둘러서 도배를 마치도록 하자.

잘못한 게 많은 아버지들

교사 생활을 하면서 기억에 남는 아버지가 두 명 있다. 한 명은 처음 담임을 맡던 해에 우리 반이었던 정수라는 아이의 아버지다. 처음 맡았던 반 아이들은 아직도 이름을 줄줄이 기억할 정도로 인상적이었고, 참 똑똑하기도 했다. 초등학교를 졸업하고 갓 중학생이 된 아이들은 불행하게도 의욕과 열정이 넘치는 총각선생님을 만나서 맞기도 많이 맞았다. 그 당시의 난 아이들을 바로잡아주어야 한다는 신념에 사로잡혀 있던 초짜 담임이었기 때문에 때리든 벌을 주든 어떻게 해서라도 아이들을 잘못된 길에서 돌아오게 해야 한다는 생각밖에 하지 못했다. 마치 중학교 때 규율부장을 할 때처럼 말이다.

다행스럽게도 내가 맡은 5반은 착하고 똑똑해서 공부도 체육대회도 1등을 휩쓸었다. 그때의 아이들은 감동을 할 줄 알아서 나 역시도 담임하는 보람을 넘치도록 느낄 수 있었다. 지금은 변해버린 내 자신이 한없이 부끄럽지만 그해 여름방학이 시작되던 날, 나는 아이들과 헤어지는 게 너무도 아쉬워서 한껏 슬픔에 취해 있었는데, 방학식을 끝내자마자 환호성을 지르며 집으로 내달리는 녀석들에게 극심한 배신감을 느꼈을 정도로 애정이 뜨거웠다.

그런데 밝고 똑똑했던 반 아이들 중에서 유독 정수라는 아이만은 늘 표정이 어둡고 의욕이 한 줌도 없어 보였다. 정수는 나의 매에도 심드렁해할 정도로 그저 하루하루를 연명하면서 지냈다. 정수의 집에 전화를 했더니 새어머니가 전화를 받았다. 정수의 가정형편이 딱할 만큼 어렵다는 말을 전해 듣고서 난 처음으로 가정방문을 하게 됐다. 가정방문을 한 날 정수의 아버지를 보지는 못했지만, 그가 내 기억 속에 강하게 남아 있는 이유는 정수 아버지가 만들어놓은 한 가정의 처참한 풍경 때문이었다. 정수의 집은 지하 단칸방이었는데, 들어가 보니 연탄가스와 뒤섞인 퀴퀴한 냄새가 진동을 했고, 창고 같은 좁은 방안에는 놀랍게도 갓난아이 두 명이 이불보에 싸여 누워 있었다. 게다가 지하방의 어둠 속에서 '몇 달째 월세를 못 내 보증금을 다 까먹고 주인으로부터 내쫓겠다는 협박을 받고 있다'고 무덤덤하게 말하던 정수 새어머니의 얼굴에는 시퍼런 멍이 들어 있었다. 나는 준비해 간 봉투를 새어머니에게 전해드리며 '돈보다는 용기를 드리고 싶다'는 말을 전하고 정수네 집을 나왔지만, 내가 빠져나온 그 굴 속 같은 지하방에는 실오라기 같은 희망조차 숨쉴 수 있는 공기가 남아 있지 않았다.

또 한 명의 아버지는 첫눈에 봐도 조폭이거나 유흥업소에서 일하는 사람처럼 덩치가 좋고 인상이 험악했다. 크게 사고를 친 딸 때문에 학교에 왔던 그 아버지는 중학교 2학년인 딸아이가 담배를 피우고 친구들을 때리고 돈도 뺏었다는 사실을 알고 난 후 굵은 눈물을 뚝뚝 흘리며 이렇게 고백했다.

"내 딸만은 나처럼 살지 않게 해야겠다고 항상 결심하면서 살았는데 이렇게 될 줄은 몰랐습니다."

왜 아버지들은 자식에게 그렇듯 잘못하며 사는 걸까? 왜 아버지들은 자신의 아버지들에게 배운 그대로 자식들을 대할 수밖에 없는 걸까?

아버지의 아버지들

재작년에 작은할아버지댁 결혼식에 참석하려고 밀양에 내려갔던 일 기억나지? 난 그때 내 아버지가 힘들게 살아오신 까닭이 아버지 탓만 은 아니라는 걸 깨달았다. 할머니와 우리 가족이 밀양에 도착해보니 어느덧 밤 열 시가 넘어 있었고, 우리는 오랜만에 만난 친척들과 인사 를 나누고 저녁을 먹은 후 곧 잠자리에 들었다. 다음 날 아침 사촌 여 동생 결혼식 준비로 바쁜 집을 빠져나온 나는 그 동네를 천천히 걸으 면서 수십 년도 더 된 옛날 추억들을 떠올리며 상념에 젖었다. 꽤 먼 길을 되돌아오다가 나는 작은아버지댁에서 채 10분도 되지 않는 거리 에 있던 고아원을 발견했다. 무심코 그 안으로 들어가 봤더니 평범한 듯도 하고 낯선 듯도 한 풍경이 펼쳐졌다. 중학생쯤 되어 보이는 몇몇 남자아이들이 즐겁게 농구를 하고 있었고 제법 큰 여자아이들 두어 명이 이불빨래를 널고 있었다. 그러다가 나이가 지긋한 아주머니가 집에서 나와 밥 먹으라고 외치자 남자아이들이 뛰어들어갔고, 이어서 여자아이들이 따라 들어간 후에도 몇 번이나 농구공을 골대로 던지던 작은 남자아이도 공을 챙겨 들고 집으로 들어갔다.

결혼식을 마치고 서둘러 서울로 돌아오던 길에 나는 어머니에게 그 고아원 얘기를 꺼냈다. 그리고 어머니로부터 그 고아원이 아버지 와 작은아버지가 잠시 살았던 곳이라는 사실을 듣고 크게 놀랐다. 어 머니가 계속 들려주신 옛날이야기는 더 충격적이었다. 아버지는 1941 년에 일본에서 태어나셨다고 한다. 그 당시는 우리나라가 일본의 식

민지 지배를 받던 시기였기 때문에 먹고 살기가 힘들어진 사람들이 일본으로 많이 건너가서 살았다. 5장에서 살펴봤던 역도산도 그런 경우였다. 아버지가 다섯 살 때 전염병으로 할아버지와 할머니가 돌아가셨는데, 그때는 해방이 되었으니까 다시 밀양으로 돌아오셨을 때였다. 당시 아버지보다 열여섯 살이 많았던 큰아버지가 동생들을 돌보셨다고 한다. 그러나 큰아버지가 몇 년 후 터진 6·25 사변 때 국군으로 징집당하면서 아버지와 작은 아버지는 그 고아원으로 가게 됐던 거였다. 전쟁으로 모든 것이 파괴됐던 그때는 얼마나 배고픈 시절이었니? 생전에 아버지는 술을 드신 날이면 어렸을 때 너무 배가 고파서 빵을 훔쳐 작은아버지와 나눠먹었던 일을 얘기하곤 하셨다.

그런데 어머니 역시 아버지 못지않게 불행한 삶을 살아오셨다. 외할아버지가 갑자기 돌아가셔서 외할머니가 채소 장사를 하셨는데, 어머니는 고사리 손으로 무거운 채소가 든 함지박을 들고 미아리 고개를 넘어 가서 장사를 도와주시며 갖은 고생을 다하셨다.

고아원을 뛰쳐나와 온갖 고생을 하면서도 야간고등학교를 졸업하신 아버지는 청년시절을 부산에서 보내다가 서산으로 흘러들어가셨고, 그곳에서 처음 본 어머니에게 반해 부부가 되셨던 거였다.

나는 종종 내가 세상에 태어나게 된 것이 우연인가, 필연인가에 대해서 고민한 적이 있다. 너도 그런 적이 있는지 모르겠다. 나는 재작년에 어머니의 말을 듣고 나를 중심으로 하는 가족사를 다시 써보았다. 그건 내가 태어난 것이 필연이라는 전제하에 쓴 거였다.

"아버지는 나를 낳기 위해서 다섯 살 때 고아가 되셨다. 내가 세상에 나오기 위해서 밀양에서 이름난 갑부였던 할아버지와 할머니는 해방되던 해에 전염병으로 돌아가셔야 했고, 큰아버지는 국군으로 징용에 끌려가셔야 했고, 아버지와 두 살 어린 작은 아버지는 고아원으로 보내져야 했고, 고아원을 도망쳐 나온 아버지는 부산에서 깡패생활을 하다가 서산까지 들어가 어머니를 만나야 했다.

나를 태어나게 하기 위해서 외할아버지는 죽은 친구의 상갓집에 가서 남은 복어탕을 먹고 돌아가셨고, 부잣집 외동딸로 손에 물 한 번 묻혀본 적 없었던 외할머니는 어머니에게 초등학교조차 그만 두게 하고 살림을 떠맡겼다. 나를 낳게 하기 위해서 어머니는 온갖 고생을 하다가 서산으로 흘러들어가셨고, 그곳에서 건달이었던 아버지에게 첫눈에 반한 여인이 되어야 했다."

이런 생각을 하다 보니 나의 삶이라는 것은 아버지의 아버지들과 어머니의 어머니들의 무수한 질곡과 불행의 역사로 빚어진 것이라는 것을 알 수 있었다. 또한 나를 아프게 하고 힘들게 했던 아버지의 가시는 고스란히 아버지의 상처였다는 것도 깨닫게 됐다. 아버지의 삶을 찌르고 마음을 짓눌렀던 그 시대의 불행과 그 사회의 무정함이 아버지의 심성을 그토록 망가뜨려 놓은 거였다. 전염병으로 돌아가신 할아버지와 할머니의 불행, 군대에서 돌아와 어린 동생들을 챙기지 못한 큰아버지의 무관심, 고아원에서 뒷골목에서 생존을 위해 처절하게 상처를 주고받았던 여러 사람들의 무정함, 곧 이 땅의 처참했던 역사의 탓이 더 컸던 것이다.

물론 그 고통 속에서 오히려 더 아름답고 숭고한 인간성을 꽃피운 아버지들도 있을 것이다. 그건 우리가 고통 속에서만 참되게 하나가 될 수 있는 존재라는 걸 깨닫고 다른 사람의 고통 속으로 기꺼이 들어가는 삶을 살아낸 사람만이 도달할 수 있는 경지다. 나는 아버지의 인생에서도 누군가 그런 고귀한 마음을 가진 사람을 만날 수 있었다면 아버지는 상처를 회복하고 망가진 마음을 고칠 수 있었을 거라고 생각한다. 그래, 그런 사람을 만나는 일은 터무니없이 어렵고, 그런 사람이 되는 길은 결코 쉽지 않다.

　지금도 내가 가장 아쉬워하는 건 아버지가 당신의 가슴 깊은 곳에 간직하고 있었던 자식에 대한 사랑을 표현하지 못하셨던 일이다. 아버지는 자신에게 사랑을 표현했던 사람을 만나지 못했기 때문에 사랑을 표현하는 법을 배우지 못하셨다는 것을 나는 돌아가신 후에야 알게 됐다. 그러나 정작 이 글을 쓰고 있는 나 역시도 네게 사랑을 표현하는 일에 인색했다는 것을 반성할 수밖에 없다.

방을 둘러보니까 이제 천장만 도배하면 되겠다. 가장 어려운 부분이 남았구나. 그래, 아들들이 반항하고 잘못된 길로 빠지는 게 대부분 아버지의 억압 때문인 것처럼, 아버지들이 잘못된 아버지가 되는 데에도 모두 그만한 억압이 있었기 때문이었다는 것을 네가 마음으로 이해해줄 수 있다면, 이미 천장도 절반은 벽지를 바른 것과 같은 것이다. 높은 의자에 올라가서 하늘을 향해 도배를 하다보니 팔이 빠질 것처럼 아프지? 이제 조금만 더 바르면 되니까 힘을 내보자. 이왕 화해하는 거 빈틈없이 꼼꼼하게 해야 되지 않겠니?

아버지는 곧 나다

모든 아버지는 세상의 바다 위에서 가족이라는 배를 이끌어가는 선장 역할을 하는 존재다. 아버지는 온몸으로 세상과 맞서는 존재로서 세상이 그렇게 만만치 않은 곳이라는 걸 알고 있기 때문에 자식들에게 강함과 능력을 요구한다. 그런데 그것이 지나칠 때 자식에게는 억압과 좌절을 안겨준다.

자식들이 '고통을 주는 존재인 아버지도 사실은 고통을 당하는 가장' 일 뿐이라는 걸 인식할 수 있다면, 아버지에 대한 막연한 공격심을 품다가 억누르는 일을 멈추고 아버지를 참되게 이해할 수 있는 길이 열리지 않을까 싶다. 그래, 아들들은 아버지와 똑같이 행동하면서 자신은 아버지와 완전히 다르다고 착각하고 있다. 내가 몇 년 전 너에게 독서와 영어공부를 강요하면서 스스로를 아버지와 다르다고 생각했던 것처럼 말이다. 유전적으로 또 동일한 삶을 공유하는 존재로서 아버지는 나를 구성하는 중요한 요소다. 아버지는 결코 나의 바깥에 있는 존재가 아니다. 아버지는 곧 내 자신이다. 따라서 아버지를 받아들이지 못하는 것은 자신을 받아들이지 못하는 것과 같다. 있는 그대로의 아버지를 받아들이는 순간 비로소 아버지와 소통할 수 있게 된다. 막힘이 없이 아버지와 아들이 소통할 때 참된 화해가 이루어졌다고 말할 수 있다. 드디어 도배공사가 다 끝났다. 팔에 쥐나지 않았니? 내가 주물러주마. 이래 뵈도 내가 안마는 선수거든. 어렸을 때 할아버지는 우리 삼남매한테 자주 다리를 주물러달라고 하셨는데, 내가 주물러드릴 때마다 '안마만큼은 큰 아들이 제일 잘 한다' 고 칭찬하곤 하셨다. 어때? 시원하지? 방안이 온통 화사하고 깨끗한 벽지로 둘러싸

109

8. 무엇으로
도배할까?

이니 근사하고 멋진 방이 되었다는 게 실감난다. 이제 장판만 깔면 사랑방 단장은 그럭저럭 된 것 같다. 자, 아버지와 화해를 한 아들아. 이제 네 자신과 화해를 할 차례다. 아마도 그 일은 장판을 시원하게 펼치는 일처럼 그리 어렵지 않을 것이다. 그 작업은 너 혼자서 하는 게 좋겠다. 그동안 나는 바깥에 나가서 다음에 네가 배워야 할 손님을 맞는 예법에 대해서 공부하고 있으마. 잠시 후에 보자.

내 마음의 방은
몇 개인가

9

어떻게
손님을 맞을까?

사랑방에 찾아오는 손님들을 어떻게 맞아야 할까? 너는 그 사람들과 어떻게 어울리고 어떻게 사귀고 싶니? 사랑방에 들어오는 한 사람 한 사람에게 사랑하는 연인을 대하듯 정성을 다할 수 있다면 그보다 더 좋을 수 없다고 생각하는데? 어떻게 그럴 수 있냐고? 그렇다면 에리히 프롬의 이 말을 들어보고 한 번 생각해보려무나.

"내가 참으로 한 사람을 사랑한다면 나는 모든 사람을 사랑하고 세계를 사랑하고 삶을 사랑하게 된다. 만일 내가 어떤 사람에게 '나는 당신을 사랑한다'고 말할 수 있다면 '나는 당신을 통해 모든 사람을 사랑하고 당신을 통해 세계를 사랑하고 당신을 통해 나 자신도 사랑한다'고 말할 수 있어야 한다."

느낌이 어떠니? 말은 좋은데 그렇게 실천하기가 어디 쉽겠냐고? 그럼 우선 한 사람을 사랑하는 일에 대해서 생각해볼까? 너 지금 속으로는 무지 궁금하면서 겉으로는 무관심한 척하는 거지? 아닌 척해도 다 알 수 있다. 궁금해서 속으로 침을 꿀꺽 삼키고 있구나. 그건 그렇고 네가 민아와 사귀었던 게 언제였지? 초등학교 4학년 때였다고? 그게 벌써 6년 전 일이다. 그때 누가 먼저 사귀자고 했었지? 아, 그래. 민아가 먼저 '예한아, 나 너 좋아해'라고 쓴 편지를 전해줬었지? 그리고는 어떻게 됐었지? 그냥 서로 좋아한다는 사실만 알고 몇 번 편지와 선물만 주고받고 끝났다고? 데이트 같은 건 한 번도 안 했었니? 무슨 초딩 4학년이 데이트를 하냐고? 내 기억에는 그때 민아가 어느 토요일엔가 친구들하고 영화를 보러 가자고 한 적이 있었던 거 같다. 아, 다 여자들뿐이라서 안 갔구나. 남자가 그렇게 소극적이어서는 곤란한데……

민아처럼 널 좋아한다고 고백할 만큼 용기 있는 여자를 기다린다면 그건 아니라고 생각한다. 네 여동생을 생각해봐라. 유치원 때나 초등학교 1, 2학년 때는 잘생긴 남자애만 보면 과감하게 사귀자고 이야기해서 남자친구로 만들었다. 그러더니 고학년이 되면서부터는 절대로 그런 일이 없었다. 얼마나 얌전을 떨고 새침해졌니? 민아 같은 아이가 특별한 경우였던 거다.

그럼, 지금부터 네게 '사랑의 기술'을 가르쳐주마. 기대되지?

사랑에도 기술이 필요하다

요즘 학생들은 이성 친구를 잘 사귀고 잘 헤어지는 편이다. 내가 학교에 다닐 때는 소수의 아이들만이 향유하던 이성교제가 지금은 대부분의 아이들이 경험할 수 있는 것이 되었다는 게 나는 다행스러운 일이라고 생각한다. 남자와 여자가 서로 다르다는 것을 경험하고, 그 '차이'를 수용하는 법을 배우는 일은 나중에 결혼생활을 하는 데도 매우 중요하기 때문이다.

그런데 사람은 사춘기가 되면 왜 이성에게 끌리고 그 사람과 특별한 관계를 맺고 싶어하는 걸까? 그건 청소년이 되면서 세상 한가운데 홀로 서야 하는 처지와 맞닥뜨리기 때문일 것이다. 사람은 갓 태어난 아기였을 때는 자아를 인식하지 못하고 어머니와 동일시하다가 점차 자신을 어머니와는 다른 존재로 인식하면서 자아가 생긴다고 한다. 그러나 아이였을 때는 아직 부모님에게 의존적인 자아를 갖고 있다. 그러다가 사춘기가 되면 독립된 자아로 세상과 맞서면서 누구나 자신이 혼자라는 의식과 함께 외로움을 느끼고 이성과 특별한 친밀감을 느끼고 싶어진다. 심리학자들은 사랑하는 사람과 하나가 되려는 것은 아기였을 때 엄마와 하나였던 경험을 되풀이하고 싶은 심리라고 설명하기도 한다.

자, 그런데 중요한 것은 이성교제, 즉 사랑에도 기술이 필요하다는 사실이다. 여기서 사랑의 기술이라 함은 흔히 말하는 연애의 기술을 뜻하는 건 아니다. 에리히 프롬의 유명한 책 『사랑의 기술』에서 나오는 의미에서의 그 기술이다. 프롬의 주장을 단순하게 말하면 참된 사랑은 사랑받는 사람이 기쁘게 받아들일 수 있는 방법으로 사랑해야 한다는 것이다. 그러기 위해서는 운동선수가 경기를 잘 하기 위해서 훈련을 하듯이 지속적인 연습과 노력으로 그런 기술을 습득해야 한다고 한다. 그러나 우리의 현실은 전혀 그렇지가 못하다. 지금도 많은 학생들이 사랑하는 사람의 마음을 헤아리지 못하고 그 사람의 마음과 접속

하지 못하여 무던히도 애를 태우면서 가슴앓이를 하고 있다. 작년에 우리 반이었던 근종이처럼 말이다.

서툰 사랑

처음 연애를 하는 남학생들에게는 공통적으로 나타나는 병이 있는데, 그건 바로 '무조건 잘 해주기' 다. 자신이 생각하는 한에서 최선을 다 하는데, 문제는 그 '잘 해주는 것' 이 여학생을 불편하게 만든다는 거 다. 연애 경험이 없는 남학생들은 영화나 드라마에서 본 방식을 맹목적으로 따라한다. 그러나 상황과 사람이 다르다는 것을 무시한 채 일방적으로 잘 해주어서는 안 된다.

근종이는 3학년 2학기가 되어서야 여자 친구를 처음 사귀게 됐다. 원래 과장이 심했던 성격이 불화의 원인이었지만, 결국엔 너무 잘 해주려고 했던 것이 실패의 본질적인 이유였다. 근종이는 자기 생각대로만 잘 해줬고, 정작 여자 친구인 혜정이의 하소연에는 귀를 기울이지 않았다.

근종이가 오버한 일들은 이런 것들이었다. 쉬는 시간마다 혜정이 옆에 와서 혜정이하고만 얘기하려고 하기. 친구가 '혜정이는 눈 밑에만 가리면 예쁘다'고 놀릴 때, '웃기지 마. 혜정이가 너보다 더 예뻐' 라고 우겨서 무안해지게 하기. 수업시간에 혜정이 옆으로 자리를 바꿔 턱을 괴고 혜정이 얼굴만 바라보기. 도서관에서 시험 공부할 때 머리 좋아진다며 혜정이가 맛없어하는 녹차만 사주기. 그것도 자기 점심값으로 혜정이 친구들까지 사주고는 자기는 점심 굶으면서 혼자만 멋있는 척하기. 혜정이 앞에서 자기 누나는 얼굴도 예쁘고 착하다고 자주 자랑하기. 그 외에도 아주 많았다.

　하지만 결정적인 이유는 그런 것들이 아니었다. 보다 못한 혜정이의 친구가 근종이에게 혜정이가 너무 불편해하니까 그러지 말라고 몇 번씩 충고를 해줬다. 그런데 근종이는 혜정이가 너무 좋아서 잘 해주지 않는 게 잘 안 된다며 행동을 고치지 않았다. 나중엔 혜정이가 직접 진지하게 말했는데도 근종이는 끝내 바뀌지 않았다. 근종이는 충고를 들을 때는 그러지 말아야겠다고 생각했지만, 혜정이가 너무 좋아서 오버하게 되는 충동을 계속 이기지 못했다. 그러니까 근종이는 혜정이와 제대로 소통하지 못했던 것이다. 통하지 않는 관계는 사랑으로 이어질 수가 없다. 사랑의 기술은 무엇보다도 소통의 기술이기 때문이다.

사랑은 소통과 함께 시작된다

영화 〈후아유〉에는 현실 속에서는 소통될 수 없는 두 사람이 사이버 공간에서는 원활하게 소통하는 특이한 관계가 나온다. 형태는 대박의 꿈을 꾸며 '후아유'라는 게임을 만드는 남자고, 인주는 63빌딩 수족관에서 인어 쇼 등을 하며 일하는 여자다. 태생적으로 형태는 인주의 관심을 끌 만한 사람이 아니었다. 처음 본 날, 인주가 인어 쇼 하는 모습을 본 후 그런 거 찐하게 찍어서 인터넷에 올리면 대박일 거라고 말할 때부터 인주는 형태에게 실망감을 느낀다. 철저한 현실주의자인 형태는 진지한 이상주의자였던 인주에게 그저 못마땅한 존재일 뿐이었다. 그런데 신기하게도 게임 속에서 별이와 멜로가 된 인주와 형태는 서로 통하는 사이가 된다. 대화가 통하고 마음이 통하여 어느새 별이는 멜로에게 호감을 느끼게 된다.

시간이 갈수록 별이는 멜로를 좋아하지만, 인주는 형태를 인정도 없고 공감할 줄도 모르는 속물로 여긴다. 처음부터 형태는 인주가 별이라는 것을 알고 있었지만, 인주는 멜로가 형태라는 걸 몰랐다. 형태는 자신의 최대의 연적이 다름 아닌 자신의 분신인 '멜로'가 되었다는 사실을 깨닫고 큰 충격을 받는다. 참다 못한 형태는 어느 날 인주에게 멜로에 대해서 '컴퓨터 뒤에 숨어서 듣기 좋은 말만 하는 놈들 다 변태'라고 하며 험담을 하다가 인주와 크게 싸운다. 형태는 멜로를 시기했을까? 형태로서는 있는 그대로의 자신을 속물로 여기고, 자신의 또 다른 분신인 멜로를 따뜻한 사람이라고 생각하는 인주가 세상 누구보다 답답했을 것이다. 서로 옥신각신하던 중에 인주는 자신이 보청기를 끼고 있다는 사실을 형태가 알고도 모른 척했다는 걸 눈치챈다. 심한 모욕감을 느낀 인주는 형태에게 '변태 같다'고 퍼붓고는 보청기를 빼고 떠나버린다. 형태와의 소통을 단절하겠다는 의미였던 거다. 형태는 '내 말 아직 안 끝났어. 네가 뭔데 나를 이렇게 비참하게 만들어!'라고 소리치며 쫓아가 보지만, 이미 인주는 무음(無音)의 세계 곧 타인과 전혀 상관없는 세계로 들어간 후였다.

고민 끝에 형태는 인주를 만나서 자신이 멜로였음을 밝힌다. 충격에 휩싸인 인주는 형태에게인지 멜로에게인지 알 수 없는 존재에게 화를 내며 자리를 박차고 떠나버린다. 그러자 인주를 쫓아간 형태는 인주의 가슴을 뒤흔드는 말을 쏟아낸다. "너, 혼자 있을 때가 제일 편하지? 누구한테 속마음도 못 털어놓고 잘 안 들리는 것 때문에 불행해서 아무 것도 못하잖아. 너. 이건 아는 척이 아니야. 난 너 다 알아!"

이 말은 정말로 인주를 아끼고 사랑하는 진정성에서 우러나온 통찰이었다. 바로 그 순간 인주는 급소를 찔린 듯 뜨거운 눈물을 흘리고 두 사람 사이에선 비로소 진정한 소통이 시작된다. 형태는 인주에게 '별이에게도 인주에게도 거짓말한 적 없어. 모두 다 진심이었어. 태어나서 처음으로 다른 사람 이해해봤어' 라고 고백한다. 결국 인주는 파란 신호등이 바뀌면 둘이 건너가자고 말하고, 비로소 두 사람은 연인이 된다.

사랑이란 얼마나 놀라운 묘약이니? 자기 마음속에서 나 아닌 타인에 대해 진심으로 이해하게 되는 기적을 이루어내니까 말이다.

옥상을 추억함

이번엔 내가 경험했던 첫사랑 이야기를 들려줄게. 네 어머니에게는 비밀이지만 나에게도 첫사랑이 있었다. 내 첫사랑은 중2 때부터 교회를 같이 다녔던 미경이라는 여자아이였다. 솔직히 말하자면 나도 미경이에게 근종이와 똑같은 실수를 했다.

미경이와 나는 중학교 때부터 같은 교회에 다니다가 대학 1학년 때부터 사귀기 시작했다. 그런데 사귄 지 얼마 지나지 않아서 난 미경이로부터 혜정이가 근종이에게 했던 말과 똑같은 말을 들어야 했다. 솔직히 말하면 자존심이 꽤 상했었다. 그런데 곰곰 생각해보니 나 역시도 미경이와 사귀는 티를 팍팍 내고 있었던 거다. 다행히 난 근종이보다 네 살이나 많았기 때문에 미경이가 불편해할 만큼 티를 내지 않았고, 우리의 연애는 그 이후에도 계속 이어질 수 있었다.

얘기가 좀 다른 곳으로 빠지는 느낌이지만 지금도 눈에 선한 미경이의 모습이 생각난다. 대학 4학년 가을에 있었던 일이다. 난 얼마 전 마산으로 이사갔던 미경이를 만나러 고속버스를 타고 내려갔다. 그때 미경이는 큰오빠네 얹혀살며 직장에 다니고 있었다. 그 당시 미경이네는 경제적인 형편이 매우 어려워서 공부를 잘 했던 미경이가 대학을 포기하고 직장에 다녀야만 했다. 큰오빠네도 형편은 그리 좋지 않았다.

난 그날 마산의 그 허름한 주택 옥상에서 평생 잊지 못할 감동적인 모습을 보게 된다. 큰오빠 부부와 인사를 마친 후 미경이는 걸레를 빨아야 한다며 한 손으로는 세 개의 걸레를 들고 한 손으로는 내 손을 잡고 옥상으로 올라갔다. 옥상에는 옥탑방이 있었고 수도가 하나 있었다. 미경이가 수도를 틀고 대야에 물을 담은 후 걸레 하나를 집어넣었는데, 난 그 걸레를 보고 깜짝 놀랐다. 내가 세상에서 본 걸레 중에서 가장 깨끗했기 때문이다. 그건 분명 수건에서 막 걸레가 된 것이 아니라 오래도록 걸레의 길을 걸어왔던 걸레였다. 걸레 세 개 모두 걸레를 사용한 사람이 청소를 한 후 얼마나 깨끗하게 빨았는지를 한 눈에 알 수 있는 그런 걸레들이었다. 나를 더욱 놀라게 했던 건 미경이가 걸레를 빠는 모습이었다. 이미 깨끗한 걸레를 미경이는 하나씩 물에 담궈 쥐어짜고 나서도, 다시 물을 받고 헹구고 짜는 일을 몇 번이나 반복했다. 지금 내 말을 듣고 있는 네가 이상하게 생각할지 모르겠지만, 나에게는 그날의 옥상과 새하얗던 걸레들과 걸레를 짜던 미경이의 흰 손과 수돗물 떨어지는 소리와 건너편 숲의 나무들과 그 모습을 바라보던 가을하늘과 그 모든 것들을 스치며 지나가던 가을바람이 이제껏 살아오면서 본 모습 중에서 가장 아름다운 장면이었다.

이처럼 사랑이라는 감정은 다른 사람에게는 하찮게 보이는 사소한 행동일지라도, 자신에게는 놀랍도록 소중한 경험으로 다가와서 점점 큰 산이 되는 것이다. 나중에 나는 그 옥상에서의 풍경을 떠올리며 시를 몇 편이나 쓰기도 했다. 물론 네 어머니는 그 시들을 가장 마뜩찮게 생각했지만 말이다. 영화 〈굿 윌 헌팅〉에서 숀 교수가 사랑에 빠진 윌에게 자신의 죽은 아내를 추억하며 들려준 말에도 그런 감정이 잘 나타나 있다.

"내 아내는 긴장을 하면 방귀를 끼곤 했어. 여러 가지 앙증맞은 버릇이 많았지만 자면서까지 방귀를 뀌곤 했어. 어쨌든 어느 날 밤엔 소리가 어찌나 컸던지 개까지 깨게 됐지. 갑자기 벌떡 일어나 '당신이 뀌었어요?' 하길래 차마 용기가 안 나서 '그래' 하고 말았다니까. 아내가 세상을 떠난 지 2년이나 됐는데 그런 기억들만 생생해. 멋진 추억이지. 그런 사소한 일들이 말이야. 제일 그리운 것도 그런 일들이야. 나만이 알고 있는 아내의 그런 사소한 버릇들. 그게 바로 내 아내니까."

어떠니? 아버지의 사랑 이야기를 듣고 난 소감이. 정말 아름다운 장면 아니었니? 여자 친구가 옥상에서 하얀 걸레를 빨고 있는 모습을 상상해봐. 가을바람이 불고 있고. 걸레 빠는 걸로 왜 시를 쓰는 건지 잘 모르겠다고? 이 녀석아, 그러니까 네가 아직까지 여자 친구가 없는 거야. 사랑은 90%가 소통이라는 사실을 꼭 기억하렴.

소통의 기술, 대화의 기술

어떤 이성에게 첫눈에 반했을 때, 그 사람과 원활하게 소통할 수 있다면 연애의 절반은 성공했다고 볼 수 있다. 영화 〈인 굿 컴퍼니〉에서 이혼남인 카터가 알렉스에게 고백하는 이야기에는 사랑의 본질에 대한 의미심장한 내용이 들어 있다.

"네가 알아줬으면 하는 건 너와 얘기하는 게 너무 좋았다는 거야. 평생 만났던 누구보다도 좋았다는 것뿐이야."

그러니까 사랑의 기술은 소통의 기술이고 대화의 기술이다. 막힘이 없고 잘 통하는 대화는 사람에게 큰 기쁨을 준다. 사람은 누구나 이해받고 싶고 존중받고 싶어하는 존재니까. 대화에서 무엇보다 중요한 것은 말로 표현되지 못하는 속내를 잘 헤아려내는 일이다. 책에는 작가의 감정과 속내가 잘 표현되어 있으니까 풍부한 독서를 하는 사람이라면 상대방에 대한 공감능력이 뛰어날 뿐 아니라 말과 말 사이에 있는 행간의 의미도 잘 파악할 수 있다. 그래서 내가 네게 독서를 강조하는 것이다.

또 이성교제에 도움이 되는 게 뭐가 있을까? 매일 일기를 쓴다거나 자주 글을 쓰는 사람은 삶에 대한 성찰의 폭이 그만큼 넓기 때문에 상대방과 개성 있는 대화를 할 수 있다. 글쓰기는 자기에 대해 생각하고 알아가는 시간이다. 자기 내면에 대해서 아는 만큼 다른 사람의 내면에 대해서도 알게 되므로 대화는 물 흐르듯 흘러갈 수 있다. 그 다음으로 중요한 것은 자신의 일에 대한 성실한 자세를 꼽을 수 있다. 사랑하는 사람들 사이에는 신뢰감이 가장 중요한데, 자기 일에 대해서 성실하지 못한 사람에게는 누구도 신뢰를 느낄 수 없기 때문이다.

사랑으로 가는 길

세상이라는 벌판에서 외따로 떨어진 존재인 인간은 누구나 엄습해 오는 외로움을 달래줄 이성을 찾게 되고, 마음이 통하는 사람과 사귀게 된다. 그런데 실제로 사랑의 과정이란 지속적인 충돌과 갈등의 과정이기도 하다. 서로 크기와 생김새가 다른 자아가 만나서 합일을 이루기까지는 모난 자아들이 부딪치면서 튀어나온 부분은 깎여나가고 모자란 부분들은 덧붙여가야만 하는데, 사실은 그 일들이 제 살을 깎고 덧붙이는 일만큼 아프고 고통스럽다. 그런 과정을 겪은 후에야 서로의 자아는 꼭 들어맞게 된다. 사랑은 자기 자아의 한계를 넘어선 사람, 자기의 자아를 부인한 사람에게만 참된 합일을 허락하는 짓궂은 천사다.

그런데 너희들이 즐겨 듣고 보는 대중가요와 텔레비전 드라마들에는 안타깝게도 사랑의 본질을 왜곡하는 내용이 많다. 그들은 마치 인생의 목표가 오직 '누군가와 사랑하는 사이가 되어 열정적인 감정을 느낄 수 있게 되는 것'인 양 떠들어대면서 사랑만 얻게 되면 고달픈 삶의 모든 문제가 해결될 거라는 듯이 사람들을 세뇌하고 있다. 따라서 그런 사랑을 얻지 못한 사람들에게는 비참하고 불행하다는 감정을 저절로 심어준다. 그러나 그것은 저급한 도피로 빠져들 수 있는 위험한 발상이다. 영화 〈포레스트 검프〉의 제니에게서 그런 모습이 잘 나타나는데, 제니는 어린 시절 아버지로부터 성폭행당했던 상처를 극복하지 못한 채 이 남자 저 남자를 전전하지만 그럴수록 그녀는 참된 사랑으로부터 멀어지다가 끝내 불치병으로 불행한 생을 마감하고 만다.

근종이의 경우도 혜정이와 처음 사귀게 되자 자신도 꿈에 그리던 사랑의 감정을 느끼며 특별한 존재가 되었다는 사실에 도취되었는데, 정작 혜정이보다 '특별한 존재'가 된 자신을 더 사랑했던 게 아니었나 싶다. 늘 이어폰을 꽂고서 사랑 노래를 들었던 근종이는 어느새 자신의 생각을 점령하고 있던 왜곡된 사랑의 개념으로 인해 소통불가능한 연애를 하고 말았던 것 같다.

이제 사랑의 기술에 대해서 좀 알겠니? 알 것 같기는 한데 너무 어렵다고? 그래, 어렵지. 사랑은 어려운 거다. 그게 쉬우면 사람들이 그렇게 많이 헤어지고 이별을 경험하겠니? 자, 그럼 복잡하게 생각하지 말고 마지막으로 들려주는 달라이 라마의 얘기만 마음에 새겨둬도 좋을 것 같다.

티베트의 영적 스승 달라이 라마는 사랑에 대해서 프롬과는 거꾸로 사유했던 분이라고 볼 수 있다. 그는 사랑이란 사랑하는 대상과 자기의 가장 깊은 자아를 나누고자 하는 것이며, 가장 깊은 친밀감을 나누고 싶은 마음이라고 정의를 내렸다. 프롬은 '한 사람을 사랑하면 세상 모든 사람을 사랑하게 되고 온 세계를 사랑하게 된다'고 역설했지만, 달라이 라마는 '모든 인간 존재를 긍정적으로 바라보고 그에게서 긍정적인 면을 발견하게 되면 곧 그 사람과 가까운 관계에 있다는 것을 느끼게 되며, 사람은 이 친밀감으로 인해 삶의 기쁨과 에너지를 얻는다'고 말했다. 나는 네가 달라이 라마처럼 친밀감의 폭을 넓게 가지는 사람이 되었으면 좋겠다. 삶 속에서 너를 둘러싼 모든 것들이 너와 가까운 관계에 있다는 것을 느끼며 그들 속에서 긍정적인 면을 발견해가면서 친밀한 기쁨을 얻으며 살아가다 보면, 자연스럽게 특별한 이성과도 특별한 애정을 느끼는 진실한 관계로 이어질 거라고 믿는다.

자, 이제 다음에 우리를 기다리는 일을 어서 찾아보자. 그러기 전에 한 가지 궁금한 게 있다고? 첫사랑 하고는 그 후에 어떻게 됐는지 알고 싶다고? 너무 많은 걸 알려고 하지 마라. 다친다. 그래도 듣고 싶다고? 이 녀석아, 어떻게 되긴 뭐가 어떻게 돼? 잘 됐으면 지금 네가 나와 이렇게 얘기를 나누고 있겠니?

10

맛있는 음식
준비하기

방도 멋지게 꾸몄고 손님들이 찾아오면 어떻게 대접해야 하는지도 배웠으니 이제는 뭘 준비해야 할까? 그래 먹을거리를 준비해야 한다. 어렸을 때 밥을 해준다는 이유로 커서 엄마랑 결혼하는 게 꿈이었던 네가 이걸 모를 리가 없겠지. 이 아버지로 말할 것 같으면 네 어머니가 해주는 음식은 무조건 맛있다고 하는 사람 아니냐. 근데 넌 음식 투정한다고 어머니한테 줄곧 퉁바리맞으면서도 '오늘은 반찬이 왜 이렇게 먹을 게 없냐?', '고기는 언제 먹을 수 있는 거냐?' 는 투정도 부족해서 '입맛이 없어서 아침은 안 먹겠다' 는 엄청난 멘트까지 날리기도 했다. 나도 너처럼 간 큰 남자가 되고 싶을 때도 있지만 나는 계속 '무조건 건 맛있다' 는 멘트를 고수하려고 한다. 그래야 네 엄마가 기분이 좋아져서 다른 요리도 만들어줄 테니까 말이다.

　너는 말을 참 지혜롭게 잘 하는 편인데 유독 음식 앞에서는 조금

내 마음의 방은
몇 개인가

어리석어지는 것 같다. 난 네가 나처럼 말하면 훨씬 효과가 있을 거라고 생각하는데……. 어머니가 음식 맛이 어떠냐고 물으시면 그 즉시 진지한 표정으로 '맛있다'고 말하는 것은 기본이고 정말 맛이 좋을 때는 이렇게 말하는 거다. "엄마, 죽을 것처럼 맛있어요. 내가 먹다가 죽으면 엄마가 책임지셔야 돼요." 그러면 그 말이 더 맛있는 음식을 부르지 않겠니? 너도 눈치챘는지 모르겠지만 마음의 사랑방에서는 '말'이 바로 음식이다.

사실 너는 말에 관한 한 어쩌면 정상에 있다고 말할 수 있겠다. 넌 늘 네가 무언가를 원할 때 반어나 은유, 또는 동정심을 유발하는 말을 해서 우리가 알아서 들어주게 하는 재주가 뛰어났다. 아마 너 정도면 벌써 하산해도 좋은 경지라고 말해도 좋을지 모르겠다. 그럼에도 불구하고 이제부터 내가 들려주는 '말로 맛있는 음식 만드는 방법'에 대한 이야기를 찬찬히 들어보기 바란다. 네 말이 더욱 풍성해져서 사람들의 마음을 배부르게 해줄 수 있을 테니까 말이다.

자신감을 심어준 어머니의 거짓말

지금으로부터 30년도 더 된 아주 오래된 일이다. 내 나이 여섯 살 즈음이었을 거다. 또래보다 키는 컸지만 태생적으로 폭력을 싫어했던—다른 말로는 겁이 많다고도 하지—나는 동네에서 나보다 키가 훨씬 작은 애한테 맨날 맞고 지내던 암울한 시절이 있었다. 그 애는 겁이 없고 나한테 늘 자신만만했다. 나는 싸우기도 전에 그 녀석한테 기가 죽어서 제대로 붙어보지도 못하고 겁먹은 강아지마냥 꼬리를 내렸다. 그런 내 모습을 본 옆집 아저씨가 왜 키가 큰 녀석이 맞고만 지내냐고 한탄하며 지나가셨던 일이 아직도 또렷이 기억날 정도로 내게는 치욕과 모욕의 세월이었다.

그러던 어느 날 아침, 언제나처럼 파를 먹지 않던 나에게 어머니가 의미심장한 말을 해주셨다. 어머니로서는 별 생각 없이 하셨던 그 말이 내 인생 최대의 치욕을 씻어줄 줄은 그 순간 아무도 몰랐다. 어머니가 해주신 말씀은 바로 '파를 많이 먹으면 힘이 세진다'는 것이었다. 나는 눈빛을 반짝이며 어머니께 물었다.

"엄마, 그 말 진짜야? 정말 파를 먹으면 힘이 세져서 싸움도 잘 하게 돼?"

어머니는 한 치의 망설임도 없이 대답해주셨다.

"그러엄!"

파를 엄청 많이 먹고 공터로 나간 그 날에도 녀석은 어김없이 공터에서 놀고 있었다. 나를 보자마자 녀석은 내 밥이 저기 오는구나 하는 표정으로 웃으며 반갑게 맞이해주었다. 정확히 기억나진 않지만 녀석이 평소처럼 나를 놀렸던 거 같다. '야, 저기 겁쟁이 쪼다 온다, 쪼다.' 이런 말이었을 거다. 그러나 난 이미 평소의 내가 아니었다. 마치 시금치를 먹은 뽀빠이와 같은 존재로 탈바꿈되어 있었던 것이다. 내 마음이 자신감으로 가득 차다 보니 녀석의 키가 유난히 더 작아 보였다. 나는 여러 말 없이 딱 한 마디만 하고는 녀석에게 달려들었다.

"너, 이리 와!"

녀석을 덮친 나는 쓰러진 녀석의 몸 위에 올라타 쉴 새 없이 얼굴에 주먹을 날렸다. 막상 붙어보니 그 녀석은 체구도 작고 힘도 없었다. 나는 곧바로 항복을 받아내고 일어나서 옷을 털었다. 그리고는 '별것도 아닌 자식이……' 하는 눈으로 쓰러져 있는 녀석을 내려다보고 있었다. 그때 바로 그 옆집 아저씨가 또 지나가시다가 신기해하시며 물으셨다.

"야, 병일이, 이제 보니까 싸움 잘 하네? 어떻게 그렇게 갑자기 싸움을 잘 하게 된 거냐?"

나는 한 치의 의심도 없는 얼굴로 의기양양하게 웃으며 대답했다.

"파 많이 먹어서요. 우리 엄마가 파 먹으면 힘 세진다고 하셨거든요."

그 이후 나는 학교에 들어가서도 늘 싸움을 잘 하는 축에 끼었다. 어머니의 거짓말 한 마디가 왕따도 당할 수 있었던 내 인생을 구원해주었던 것이다.

너는 아버지가 해준 말 중에서 큰 격려를 받았던 적 없었니? 잘 생각해봐라. 격려가 됐던 말은 생각나지 않지만 그 반대의 말은 생각난다고? 그, 그래? 그럼 그거라도 말해봐. 어렸을 때부터 너하고 네 동생이 다툴 때마다 내가 '넌 오빠니까 참아'라고 했던 말이라고? 그 말을 들을 때마다 캄캄한 절망에 빠졌나 보구나. 하긴 그때는 내가 네 동생은 거의 혼내지 않으면서 너에게만 참으라고 했었다. 그런데 요즘엔 네 편을 더 많이 들어준 것 같은데. 그건 맞다고? 그래, 나도 언젠가부터 날이 갈수록 기고만장해지는 네 동생이 더 걱정스러워져서 '오빠 말이 맞다', '오빠 말 잘 들으라'고 말하곤 했다. 내가 영화 〈말아톤〉의 초원이 어머니처럼 네게 말해주었다면 좋았을 텐데.

백만 불짜리 격려

〈말아톤〉에서 초원의 어머니는 마라톤 대회에 참가한 초원이에게 이렇게 묻는다.

　"초원이 다리는?"

　그러면 초원이 입에서 '백만 불짜리 다리'라는 대답이 나온다.

　"몸매는?"

　"끝내줘요."

　어머니는 조금 유치한 듯하지만 재미있으면서도 자신감을 갖게 해주는 말을 통해서 초원이 스스로 할 수 있다는 믿음을 갖게 해주셨던 거다. 그런데 6장에서 살펴봤던 것처럼 어머니는 나중에 말로 초원이에게 자신감만 심어준 것이 아니었다는 것을 알게 된다. 마라톤 훈련을 시키면서 어머니가 끊임없이 했던 말, '초원이 안 힘들지? 괜찮지?'라는 말이 정신능력이 떨어지는 초원이를 세뇌시켜서 초원이로 하여금 혹독한 훈련에도 힘들다는 말을 못하게 했던 거였음을 깨닫게 되었던 것이다. 그 후 어머니는 초원이에게 마라톤을 그만 두게 한다.

　그러나 초원이는 스스로의 힘으로 마라톤 대회 참가 등록을 하고 대회에 참가하러 춘천으로 떠난다. 나중에 그 사실을 알게 된 어머니가 대회장소로 쫓아와서 위험하니까 뛰지 말라고 말리자 초원이가 어머니에게 이렇게 묻는다.

　"초원이 다리는?"

　"……"

　"초원이 다리는?"

　계속 묻는 초원이에게 어머니는 대답할 수밖에 없었다.

"…… 백만 불짜리 다리."

어머니의 말은 단순한 세뇌가 아니었다. 초원이는 어머니의 사랑
과 믿음이 담긴 말로 자신의 다리가 '백만 불짜리 다리' 라는 걸 확신
하고 있었고, 그 한 치의 의심도 없는 자신감을 다시 어머니에게 되돌
려 드렸다. 어머니는 잡고 있던 초원이의 손을 놓아주었고, 초원이는
'서브 쓰리' 라는 대기록을 세운다.

치명적인 독이 되기도 하는 말 한 마디

살다 보면 해서는 안 되는 말이나 아무 생각 없이 내 뱉은 말이 돌이
킬 수 없는 재앙을 몰고 오는 경우를 종종 본다. 영화 〈올드 보이〉에는
부주의한 말 한 마디로 무서운 불행을 겪게 되는 한 남자의 처절한 이
야기가 나온다.

주인공 오대수는 단 한 번 생각 없이 내뱉은 말로 15년 동안이나 사
설 감옥에 갇히는 고통을 겪는다. 고등학교 때 그저 껄렁한 학생이었던
대수는 어느 날 실험실에서 후배 우진이 그의 친누나의 옷을 벗기는 모
습을 보게 된다. 곧이어 전학을 가야 했던 대수는 친한 친구에게 실험
실에서 본 일을 대수롭지 않게 얘기하고 학교를 떠난다. 그랬는데 대수
가 전학을 간 후 그 소문은 일파만파로 학교와 온 동네로 퍼졌고, 그로
인해 괴로워하던 우진의 누나가 자살하는 사건이 일어난다.

그 후 우진은 부유한 재산을 이용해 치밀하고도 잔인한 복수를 계
획한다. 10여 년이 흐른 어느 날, 퇴근하고 집으로 돌아가던 대수는
누군가에게 납치되어 사설 감옥에 갇힌다. 그곳에서 할 수 있는 일은
끼니마다 넣어주는 만두를 먹으며 오직 텔레비전을 보는 일이었다.

대수는 자기가 무슨 잘못을 했는지도 모른 채 감옥에서 아내와 딸이 강도에게 죽음을 당했다는 뉴스를 보게 되고 경악한다.

15년 후 대수를 풀어준 우진은 이번엔 더 지독한 복수를 감행한다. 그것은 자신의 근친상간을 폭로하여 누나를 잃게 했던 대수에게 똑같은 방법으로 되갚는 것이었다. 대수는 우진을 위해 일하는 최면술사에 의해 스무 살이 갓 넘은 미도와 사랑하는 사이가 된다. 그러나 나중에 우진의 집으로 잡혀간 대수는 우진으로부터 미도가 자신의 딸이라는 사실을 듣는다. 우진은 철저한 복수를 위해 대수의 딸을 죽이지 않았던 것이다. 우진은 대수의 말 한 마디 때문에 사랑했던 누나가 자살했다는 사실을 알려주고 나서 자기도 미도를 죽이겠다고 말한다. 그러자 대수는 우진 앞에 무릎 꿇고 빌다가 자신의 혀를 칼로 잘라내며 미도를 살려달라고 애원한다. 그 모습을 본 우진은 대수와 미도에 대한 복수를 끝내고, 자신은 자살로 생을 마감한다.

물은 알고 있다

일본의 마사루 박사는 물에게 말을 들려주거나 보여준 후에 물의 결정 사진을 찍는 실험을 했는데, 실로 놀라운 결과가 나타났다. '사랑', '감사' 등의 긍정적인 말을 듣거나 본 물은 보석처럼 아름다운 결정을 만들어냈고, '미움', '저주' 등의 말을 듣거나 본 물은 흉측한 결정을 만들어냈던 것이다.

또한 클래식 음악을 들려준 후 결정사진을 찍었더니 베토벤의 〈전원 교향곡〉을 들은 물은 경쾌한 곡조에 어울리는 아름답고 가지런한 결정이 나타났고, 모차르트의 〈교향곡 40번〉을 들은 물은 화려하고 아름다운 결정을 보여줬다.

이 실험 결과는 왜 한 마디 말이 약이 될 수도 있고 독이 될 수도 있는지를 똑바로 보여준다. 나는 학기 초에 나쁜 말을 들은 결정사진과 좋은 말을 들은 결정사진들을 컬러로 인쇄하여 코팅한 후 교실 앞뒤 게시판에 붙여놓고 아이들에게 이렇게 말한다.

"우리의 몸은 70%가 물로 되어 있다. 그건 우리가 본래 물이라는 말이다. 누군가에게 '바보 같은 놈', '죽여버릴 거야' 같은 욕을 하는 건 그 사람의 70%에게 해로운 에너지를 전달하는 것이고 결국 그 사람의 존재를 위협하는 행위이다. 반면 누군가에게 칭찬이나 힘을 북돋워주는 말을 해준다면 그 말이 긍정적인 에너지를 전해주어 큰 힘과 용기를 얻게 하는 것이고 그 사람의 영혼을 살리는 일이 된다."

놀랍지 않니? 우리 한 사람의 뒤틀린 영혼에서 나온 말이 온 우주를 뒤틀리게 하고, 우리 한 사람의 맑은 영혼에서 나온 말이 온 우주를 깨끗하게 한다는 게 말이다.

우리는 이 실험을 통해서 칭찬의 힘이 얼마나 놀라운지 잘 알게 됐다. 하지만 칭찬을 할 때에도 조심해야 할 일이 있다. 속으로는 동의하지 않으면서 겉치레로 해주는 입에 발린 칭찬이나, 상대방의 마음을 조종하기 위하여 계산적으로 하는 칭찬은 시간이 지나면 쉽게 가짜라는 게 탄로난다. 이를테면 손님들에게 트랜스 지방이 잔뜩 들어 있는 음식을 대접하는 것과 같다. 참된 칭찬은 깨어 있는 눈으로 상대방을 관찰하다가 필요적절한 때에 그 사람의 행동을 인정해주고 지지해주는 것이다.

11

뜻밖의 선물을 준비하자

사랑방에 찾아온 손님들에게 줄 수 있는 선물도 하나쯤 있다면 더할 나위 없이 좋겠지? 무슨 선물이 좋을까? 너라면 무슨 선물을 가장 받고 싶겠니? 뭐? 게임 시디? 아니면 최고급 일식 뷔페 입장권이라고? 오늘도 먹는 이야기만 하는 아들아, 솔로몬 왕의 이야기를 듣고 네가 어떤 선물을 가장 좋아해야 할지 한 번 생각해보려무나.

다윗의 아들인 솔로몬이 이스라엘의 왕위에 오른 어느 날이었다. 하나님이 솔로몬의 꿈에 나타나셔서 '내가 너에게 무엇을 주기를 바라느냐?'고 물으셨다. 그러자 솔로몬은 이렇게 대답했다.

"주 나의 하나님. 주님께서는 제가 아직 나이가 어린데도 주님께서 선택하신 백성의 왕이 되게 해주셨습니다. 저에게 지혜로운 마음을 주시고 선과 악을 분별할 수 있게 해주셔서 백성들을 잘 재판할 수 있게 해주시기를 바랍니다."

하나님은 솔로몬의 대답이 마음에 드셔서 이렇게 대답해주셨다.

"네가 오래 사는 것이나 부유한 것이나 원수 갚는 것을 구하지 않고 오직 무엇이 옳은지 분별하는 능력을 요구하였으니, 이제 나는 네 말대로 너에게 지혜롭고 총명한 마음을 주겠다. 너와 같이 지혜로운 사람이 네 앞에도 없었고, 네 뒤에도 없을 것이다. 나는 또한 네가 달라고 하지 아니한 부귀와 영화도 모두 너에게 주겠다. 네 일생 동안 왕 가운데서 너와 견줄 만한 사람이 없을 것이다."

너는 네 자신이 지혜롭다고 생각하니? 친구들보다 머리는 좋은 편이라고? 그렇다고 해도 절대 교만해지지는 말아라. 지혜의 대명사인 솔로몬 왕도 말년에는 교만해지고 어리석어져서 마지막 모습이 꽤 추했다. 나는 뭐니 뭐니 해도 지혜 중에 가장 뛰어난 것은 '측면논리의 지혜'라고 생각한다.

흰 돌인가 검은 돌인가

'측면 논리'라는 말은 아마도 무척 생소할 것이다. '측면논리'란 앞뒤가 꽉 막힌 상황에서 정면으로 부딪치거나 뒤로 후퇴하지 않으면서 절묘하게 해답을 찾아내는 논리라는 뜻이다. 우리는 종종 도무지 길이 없는 상황이나, 또는 답이 안 나오는 상황에 빠지곤 한다. 바로 그때 측면에서, 즉 새로운 차원에서 길을 찾아내는 지혜를 '측면논리'라고 한다. 다음에 소개하는 이야기를 들으면 쉽게 이해할 수 있을 것이다.

옛날에 부자에게 큰 빚을 진 상인이 있었다. 빚은 계속 늘어났고 상인은 빚을 갚을 길이 없었다. 어느 날 부자가 상인을 찾아와서 빚을 안 갚으면 감옥에 가두겠다고 협박했다. 상인이 선처를 호소하자 부자는 한 가지 제안을 했다. 마침 상인의 집 마당에는 흰 돌과 검은 돌이 많이 깔려 있었다. 부자는 자기의 주머니에 흰 돌과 검은 돌이 한 개씩 들어 있는데, 상인이 흰 돌을 꺼내면 빚을 모두 탕감해주겠다고 했다. 그러나 검은 돌을 꺼내면 상인의 딸을 자기에게 시집보내야 한다고 했다. 부자는 아름다운 상인의 딸을 탐내고 미리 꾀를 내온 거였다. 부자의 주머니 속에 검은 돌만 두 개 있을 거라는 걸 알아차린 상인은 큰 절망에 빠지고 말았다. 상인은 부자의 제안을 받아들일 수도 없었고 거절할 수도 없었다. 그의 제안에 응하면 딸을 빼앗길 것이고, 제안에 응하지 않는다면 감옥에 갇힐 판이었으니까.

그때 괴로워하는 아버지 곁에 있던 딸이 아버지에게 부자의 제안을 받아들이라고 말한다. 망설이는 아버지 대신 딸은 부자에게 제안을 받아들일 테니 돌을 자신이 꺼내게 해달라고 요구했다. 부자는 좋아라하며 허락했다. 딸은 보일 듯 말 듯 미소를 짓고서 부자의 주머니에서 돌을 꺼내자마자 바닥으로 떨어뜨려버렸다. 그리고는 부자에게 정중히 이렇게 부탁했다.

"어머! 죄송해요. 제가 큰 실수를 저질렀네요. 제가 떨어뜨린 돌이 흰 돌인지 검은 돌인지 알 수 없게 되었으니 당신의 주머니에 있는 돌을 보여주시겠어요?"

부자는 꼼짝없이 주머니에서 검은 돌을 꺼내야 했다. 지혜로운 딸의 기지로 상인은 빚을 모두 탕감받을 수 있었다. 이처럼 이쪽도 저쪽도 선택할 수 없는 꽉 막힌 상황에서 상인의 딸처럼 해결책을 찾아내는 것을 '측면논리'라고 한다. 눈에 보이지 않는 또 하나의 길을 찾아내는 논리라는 뜻이다. 상인의 딸이 아무도 상상할 수 없었던 해결책을 찾아낼 수 있었던 것은 아버지에 대한 지극한 사랑 때문에 가능한 일이었다.

사랑하면 길을 찾을 수 있다

나 역시도 살아오면서 앞으로도 갈 수 없고 뒤로도 갈 수 없는 상황과 종종 맞닥뜨려야 했다. 내가 스물여덟 살에 경험했던 일이다. 그러니까 네 어머니를 만났을 때의 일이다. 네 어머니는 귀여운 인상에 생글거리며 웃는 얼굴이 꽤 매력적인 여자였다. 우리는 무엇보다도 대화가 기가 막히게 잘 되는 연인이었다. 왜 이런 말이 있지 않니? '연인들이 결혼을 하는 이유는 밤에 헤어지기 싫어서이다.' 네 어머니와 나는, 아니 은미 씨와 나는 만나면 밤이 깊어가는 줄도 모를 정도로 그렇게 할 말이 많았다. 우리의 화제는 학교 얘기, 아이들 얘기, 가족과 교회 얘기 등등 끊어질 줄을 몰랐고, 마음이 통하는 대화에 취해서 시간가는 줄을 몰랐다. 그 당시에 은미 씨에게 들었던 말 중에서 가장 감동적이었던 멘트가 생각난다. 내가 '우리 집은 가진 것도 없고 그저 얼마 안되는 전셋집에서 살고 있다'는 말을 하고 나자 은미 씨가 이렇게 대답했다. "그런 건 하나도 중요한 게 아니에요." 나는 그때 얼마나 감동을 받았던지 벅차오르는 가슴을 진정시킬 수가 없을 정도였다.

그리고 얼마 후 나는 은미 씨에게 프로포즈를 했다. 은미 씨는 기다렸다는 듯 응낙하며 행복해했다. 우리는 그 밤에 마냥 행복에 젖어서 어떤 집에서 살 것이고 집안을 어떻게 꾸밀 것이며 아이들은 몇 명을 낳을 것이고 어떻게 키울 것인지에 대한 계획을 세우며 만리장성을 쌓았다. 그런데 우리에게는 한 가지 문제가 있었다. 우리는 둘 다 안양에서 살고 있었지만 학교가 서울이었던 나와는 달리 인천의 초등학교에서 근무하던 은미 씨는 집에서 학교까지 두 시간이나 걸렸기 때문에 인천의 작은아버지 댁에서 기거하고 있었다. 딸이 고생할 것을 염려했던 은미 씨의 부모님은 인천에서 신혼살림을 차리길 원하셨고, 우리 어머니는 당연히 안양에서 같이 사는 걸 원하셨기 때문에 합일점을 찾아야 했다. 내가 프로포즈를 한 날 은미 씨는 자신도 당연히 안양에서 어머님을 모시고 사는 게 옳다고 생각하기 때문에 자신의 부모님을 설득할 테니 걱정하지 말라는 멘트를 날려서 나를 또 한 번 감동시켰다.

그러나 순탄할 것만 같았던 우리의 사랑은 바로 다음 날 큰 암초를 만나게 된다. 은미 씨가 알아서 했겠거니 생각하고 확인차 전화를 했던 나는 은미 씨의 대답을 듣고 크게 놀라고 말았다. 은미 씨는 어머니가 딸을 그렇게 고생시키면서 결혼시킬 수 없다며 몸져누웠다는 말과 함께 자신도 아무 생각이 나지 않는다는 생뚱맞은 말을 하는 거였다. 각본대로라면 그럼에도 불구하고 은미 씨가 자신의 어머니를 끝끝내 설득해내고야 말겠다는 말을 덧붙였어야 했는데, 그녀는 그 후 계속 침묵만 지켰다. 그 순간 나는 일종의 배신감을 느끼는 동시에 이제 사랑은 끝났다는 생각이 들었다. 그래도 그렇게 전화로 헤어지는 건 도리가 아니니까 다음 날 만나서 헤어지자는 말을 남기고 나는 전화를 끊었다.

그렇게 헤어졌더라면 너와 네 동생은 세상을 볼 수 없었을지도 모른다. 그런데 전화를 끊고 집으로 돌아오던 길에 머릿속으로 자꾸만 전날 은미 씨와 나눴던 얘기들이 떠오르는 거였다. 또한 행복에 겨워서 결혼생활에 대한 단꿈을 그렸던 은미 씨의 얼굴이 떠올라서 견딜 수가 없었다. 그러자 나는 후다닥 '길'이라는 시를 지은 후 은미 씨에게 당장 만나자고 전화를 걸었다.

나는 커피숍에서 은미 씨를 만나자마자 다짜고짜 '길'이라는 제목의 시를 보여주었다. '길이 없는 상황이라면 내가 길이 되겠다'는 지금 생각해보면 좀 대책 없는 내용의 시였다.

아무튼 그 시 덕분에 은미 씨와 나의 사랑은 다시 시작되었다. 그리고 은미 씨와 어머니 사이에서 이러지도 못하고 저러지고 못하는 나의 고민도 깊어졌다. 나는 은미 씨에게 '어머니는 내가 잘 설득할 테니까 걱정하지 말라'고 큰소리를 치면서, 어머니에게는 '무슨 일이 있어도 은미 씨가 어머니를 모시게 하겠다'고 큰소리를 치는 생활을 지속하면서 내내 시간을 끌었다. 도저히 내 입으로 어머니에게 '은미 씨와 결혼하고 분가하겠다'는 말을 할 수 없었기 때문이다.

그렇게 몇 주가 흐른 후 나의 속마음을 헤아리셨던 어머니가 내게 이렇게 말씀해주셨다. '결혼하고 안양에서 살면 며느리가 직장생활하기 힘들 테니까, 일단 인천에서 신혼생활을 한 후 차차 살림을 합치도록 하자.' 어머니의 눈물겨운 양보로 나와 은미 씨는 결혼에 골인할 수 있었고 토끼 같은 너희들을 낳을 수 있었다.

어떠냐? 놀랍지 않니? 아버지가 발휘했던 측면논리의 지혜가? 뭐? 그건 아무리 생각해도 측면논리는 아닌 것 같다고? 그건 지혜가 아니라 어느 한쪽이 지칠 때까지 기다렸던 일종의 버티기가 같다고?

음, 그래 뭐 측면논리가 아니었으면 어떠니? 그래도 이거 하나는 기억해주면 좋겠다. 때로는 '시간'이라는 묘약이 아무도 몰랐던 측면에서 길을 만들어내기도 한다는 걸 말이다.

비열한 함정과 현명한 판결

소설을 영화화한 〈베니스의 상인〉의 샤일록은 영화 속에서 유일한 악인이다. 기독교인들이 지배하는 중세사회에서 유대인에게 유일하게 허락된 직업은 고리대금업이었다. 당시의 기독교인들은 노동을 통하지 않는 방법으로 이윤을 얻는 것을 죄악시했기 때문에 고리대금업이라는 직업을 갖지 않았다. 기독교 사회에서 핍박을 받던 유대인들은 직업을 갖기가 힘들었기 때문에 기독교인들이 멸시했던 고리대금업으로 먹고 살 수밖에 없었다.

안토니오라는 베니스의 상인과 고리대금업의 큰 손인 샤일록은 서로 원수처럼 지내는 사이였다. 기독교 신앙이 깊은 안토니오는 죄악된 직업으로 부자가 된 샤일록을 경멸했고, 샤일록은 샤일록대로 가슴 속 깊이 안토니오에 대한 복수와 증오를 품고 있었다.

그러던 중 안토니오는 아들처럼 아끼던 로베르토라는 청년에게 돈을 마련해주기 위해 보증인이 되어 샤일록에게 3,000너캣을 빌린다. 안토니오에게 원한이 많았던 샤일록은 정해진 기한까지 돈을 갚지 못할 경우 보증인의 살 1파운드를 갖는다는 조건으로 돈을 빌려주겠다고 했다. 그런 조건이면 돈을 빌리지 않겠다는 로베르토의 만류에도 안토니오는 기꺼이 계약서에 사인을 하고 보증인이 되어 줬다. 안토니오는 부유한 상인이었기 때문에 석 달이라는 기한 안에 돈을 갚지 못한다는 건 상상할 수 없는 일이었다.

그런데 예상치 못했던 재난으로 안토니오는 석 달 안에 빚을 갚을 수 없는 상황에 처한다. 그의 전 재산을 실은 배들이 큰 풍랑을 만나 행방불명됐다는 소식이 날아오더니, 3개월이 지나도록 어떤 배도 베니스로 돌아오지 못했던 것이다. 안토니오는 결국 계약서에 명시된 기간 안에 빚을 갚지 못했다.

한편 안토니오가 빌려준 돈으로 포샤라는 부유하고 지혜로운 여인을 찾아가 청혼한 로베르토는 그녀의 테스트를 통과하여 결혼에 성공하게 된다. 로베르토는 뒤늦게 안토니오가 위기에 처했다는 소식을 듣고 포샤에게 6,000너캣을 받아 빚을 갚으러 베니스로 떠났다.

그러나 샤일록은 재판정에서 로베르토가 뒤늦게 가져온 6,000너캣을 받지 않겠다며 계약서에 적힌 대로 이행하겠다고 한다. 기독교인을 따라 도망친 딸에 대한 분노까지 더해진 샤일록의 원한은 안토니오를 향해 칼날처럼 파고들고 있었다. 베니스의 재판장은 전무후무한 사건 앞에서 진퇴양난의 난관에 빠져버렸다. 샤일록의 원한 때문에 무고한 안토니오를 죽이게 할 수도 없었지만, 계약서에 적힌 대로 법집행을 하지 않으면 베니스 법의 권위가 무너져버리기 때문이었다.

이때 재판장이 법률자문을 요청한 젊은 재판관이 나타난다. 그는 로베르토의 아름다운 아내인 포샤가 변장한 사람이었다. 젊은 재판관은 '계약서대로 안토니오의 살 1파운드를 잘라 가지되, 단 피를 한 방울도 흘리지 않아야 한다'고 판결을 내렸다. 계약서에 피에 대한 조항이 없다는 사실을 간파한 재판관은 피를 흘리게 될 경우 베니스의 법에 의해 처벌을 받을 수밖에 없다는 것을 꿰뚫어본 거였다. 게다가 그는 1파운드에서 조금이라도 더하거나 덜하게 살을 가져가도 처벌을 피할 수 없다는 판결을 내렸다. 결국 샤일록은 모든 걸 포기한다. 그러나 그는 무고한 사람을 살인하려 했다는 죄 때문에 자신이 그토록 주장했던 '법대로' 사형을 당할 처지로 전락한다. 상황이 순식간에 역전되어버렸다. 안토니오의 용서로 사형과 재산 몰수를 면한 샤일록은 기독교로 개종하겠다는 약속을 하고 쓸쓸히 집으로 돌아간다.

영화를 통해 측면논리를 배우고 나니 너도 막 지혜가 샘솟는 것 같지 않니? 이번엔 네가 발휘했던 측면논리에 대해서 얘기해볼래? 갑자기 물어보니까 잘 생각이 안 난다고? 충분히 생각해봐. 내가 기다려줄게. 한 가지 비슷한 게 생각이 나기는 한다고? 그래 그럼 주저하지 말고 말해봐. 내가 청소하라고 했을 때 어떤 때는 정말 지겨워서 일부러 청소기를 대충대충 돌렸다고? 그랬더니 청소가 끝난 후에도 구석에 먼지가 뒹구는 것을 보신 어머니가 짜증을 내시며 다음부터는 '아빠 혼자 청소하시라'고 해서 청소기로부터 벗어난 적이 있다고? 그게 측면논리라고? 너 사랑방 끝나고 다락방까지 다녀온 후에 화장실에서 좀 보자. 그전에 성경에 나오는 예수님의 모습을 보면서 좀 더 배워라.

예수님의 측면논리

예수님이 유대 베들레헴에서 태어났을 때의 이스라엘은 로마의 지배를 받으며 힘들게 살아가던 시기였다. 예수님이 보석 같은 교훈과 생수 같은 가르침으로 백성들에게 점점 존경과 신망을 받자, 이스라엘의 종교지도자들은 점점 위기감을 느꼈다. 그들은 자신들의 부정과 부패를 서슴없이 비판하던 예수님을 눈엣가시처럼 여기고 제거하려 했지만, 예수님을 추종하는 사람들의 세력이 더욱 커져서 차마 행동에 옮기지는 못했다. 그러던 중 예루살렘 성전에 들어간 예수님이 장사를 하던 사람들을 모두 내쫓고 물건들을 뒤엎으면서 '너희가 하나님의 기도하는 집을 강도들의 소굴로 만들어버렸다'며 책망하시는 사건이 일어났다. 그 일로 크게 분노한 종교지도자들은 한 가지 꾀를 내서 예수님을 함정에 빠뜨리려고 했다. 그건 예수님에게 대답할 수 없는 질문을 하여 백성들 앞에서 망신을 줌으로써 백성들의 신망을 떨어뜨리는 것이었다.

뱀처럼 예수님을 궁지에 빠뜨릴 궁리만 하고 있던 그들에게 드디어 절호의 기회가 찾아왔다. 그건 그들의 생각에 예수님을 옴짝달싹할 수 없게 만드는 완벽한 계략이었다. 그날도 여느 날처럼 예수님은 수많은 사람들에게 하나님의 말씀을 가르치고 있었다. 그런데 갑자기 종교지도자들이 나타나서 한 여인을 예수님 앞으로 데리고 나왔다. 그들은 여자를 사람들 앞에 세워놓고 예수님에게 이렇게 물었다.

"선생님, 이 여자가 간음을 하다가 현장에서 잡혔습니다. 모세는 율법에 이런 여자들을 돌로 쳐 죽이라고 우리에게 명령했습니다. 그런데 선생님은 뭐라고 하시겠습니까?"

이건 도저히 빠져나올 수 없는 함정이었다. 만약에 예수님이 돌로 치지 말라고 하면 스스로 하나님의 백성들에게 율법을 지키지 말라고 명령하는 것이 되기 때문에 백성들은 더 이상 예수님을 하나님의 예언자나 구세주로 믿지 않게 될 것이었다. 또한 예수님이 모세의 율법대로 간음한 여인을 돌로 쳐 죽이라고 명령하면 그 당시에 이스라엘을 지배하던 로마의 법을 어겨 살인자로 체포될 게 뻔했다. 이 절체절명의 위기의 순간에 예수님은 놀랍게도 주저앉아서 땅바닥에 무언가를 쓰기 시작했다. 그러다가 의연히 일어나 사람들에게 이렇게 말씀하셨다.

"너희 가운데서 죄가 없는 사람이 먼저 이 여자에게 돌을 던져라."

그리고는 다시 몸을 굽혀서 땅에 무언가를 쓰셨다. 다른 성경 사본에는 이때 예수님이 쓰신 글이 '그들 각자의 죄목'이었다는 기록이 있다고 한다. 자, 사람들은 어떻게 반응했을까? 아마도 돌을 집어들고 여자에게 막 던지려던 사람들도 있었을 것이다. 사람들은 예수님의 말씀을 듣고 나이가 많은 사람부터 시작하여 하나 둘 그 자리를 떠나갔다고 한다. 죄를 많이 지은 사람들이 그만큼 크게 양심이 찔려서 그 자리를 피했던 거였다.

예수님이 간음한 여인의 목숨을 건져주고 스스로를 위기에서 구원할 수 있었던 것은 사람들 마음속의 죄를 낱낱이 간파하고 있었기 때문이기도 했지만, 그보다는 죄를 지은 후 두려움에 떨고 있던 여인을 향한 크나큰 연민과 사랑 때문이었을 것이다.

그래, 측면논리라는 지혜의 생수는 사랑의 샘에서 솟아나온다. 검은 돌을 돌밭에 버린 상인 딸의 아버지에 대한 사랑과, 예수님의 간음한 여인에 대한 사랑이 앞뒤가 꽉 막힌 곳에서도 길을 찾아냈던 것이니까 말이다. 측면논리를 이렇게 결론짓자.

"지극히 사랑하는 자에게 지극한 지혜가 찾아온다."

12

방안에 출렁이는 에너지

이제 사랑방이 완벽하게 준비된 것 같지 않니? 그런 것 같다고? 그래 그렇긴 한데 왠지 무언가가 빠진 듯한 이 느낌은 뭘까? 사람마다 고유한 느낌이 있듯이 이 방에도 자기만의 느낌이 있어야 하는데 그게 없는 것 같지 않니? 아, 생각났다. 그게 뭐냐고? 잘 생각해봐. 이 방안을 가득 채우고 있는 에너지 같은 거, 향기 같은 거 말이다. 그게 뭘까? 너 혹시, 지금 삼겹살 굽는 냄새 생각하고 있는 건 아니겠지? 아, 미안하다. 그럼 이렇게 물어볼게. 넌 어떤 사람을 볼 때 아름답다고 생각되니? 뭐? 문근영? 네가 질문의 핵심을 좀 잘못 잡은 것 같다. 누구냐고 물은 게 아니라 어떤 사람이냐고 물었다. 문근영처럼 착하고 귀여운 사람이라고? 음, 끝까지 문근영이로구나.

나는 웃는 사람이 가장 아름답다고 생각한다. 웃는 얼굴은 남녀노소를 막론하고 동서양과 인종을 떠나서 모두 내게 행복감을 느끼게 해주기 때문이다. 그런데 아빠도 잘 웃는 편은 아니라고? 글쎄다. 가끔 집에서 네 동생에게 좀 웃으라는 말을 듣기도 하니까 그건 인정해야겠다. 그런데 네 동생은 내가 뭔가를 골똘히 생각하고 있을 때마다 꼭 그런 말을 했다. 그럴 때는 웃을 생각을 못하는 데 말이다. 딸 앞에서는 늘 웃을 준비를 하고 있어야 하는 건지, 원. '딸의 얼굴만 보면 환하게 웃음 짓는 아빠' 되는 것도 나쁘지는 않은 일이긴 하지만 말이다.

삶은 웃음이다

웃음은 신이 인간에게만 선사한 선물이라고 한다. 윌리엄 제임스라는 사람은 '우리는 행복하기 때문에 웃는 것이 아니고 웃기 때문에 행복하다' 고 말했다. 왜 아이들은 하루에 250번씩이나 웃는데 어른들은 15번밖에 못 웃을까? 웃음의 효과는 셀 수 없이 많다. 웃을 때마다 뇌에서 엔돌핀이 나와서 암세포를 공격하는 킬러세포가 생성된다고 한다. 나는 무엇보다 웃음이 사람의 생각을 긍정적으로 바꿔준다는 주장이 가장 마음에 든다. 공부와 입시의 스트레스 속에서 사는 학창시절이야말로 웃음이 절실하게 필요한 시기다. 그래서 너희들은 열악한 환경에서도 그렇게 많이 웃나 보다.

신기한 건 가짜 웃음도 진짜 웃음과 똑같은 효과를 낸다는 사실이다. 미국의 크리스틴이라는 여자는 마흔 살에 유방암 수술을 받고 절망과 우울 속에서 지냈다. 그러던 어느 날 밤 새로운 사실을 깨닫게 된다. 낮에 찾아온 친구와 실컷 웃은 덕분에 몸과 마음이 한결 편안해졌던 것이다. 그때부터 크리스틴은 웃음과 유머로 암을 이겨내기로 마음먹었다. 그녀는 머리카락이 빠져나가는 화학치료와 살에 물집이 생기는 방사선 치료를 웃음 요법으로 이겨내고 결국 암을 물리쳤다.

네가 행복하기 때문에 웃는 것이 아니라 웃어서 행복한 사람이 될 수 있다면 학창시절이라는 청춘의 긴 시기를 밝고 건강하게 통과할 수 있을 것이다.

생존 방편으로서의 웃음

〈왕의 남자〉에서는 조선시대에 민초들에게 해학과 웃음을 선사하며 살아가던 광대들이 주인공으로 등장한다. 육갑패들이 놀고 있던 마당에 갑자기 나타난 장생과 공길은 놀라운 재주로 구경꾼들을 사로잡아서 단번에 큰돈을 모은다. 그날 밤 육갑은 장생에게 더 큰돈을 만들어 주겠다며 큰소리치고 들어간 노름판에서 돈을 모두 잃고 말았다. 노름판에서 나온 장생이 '내 돈 어떻게 할 거냐?'며 추궁을 하자 육갑은 특유의 웃음으로 장생의 노여움을 달래며 '내일도 오늘처럼 우리가 살판을 놀 테니까 성님이 나타나서 좋은 기술을 보여주는 방법으로 돈을 벌자'고 제안했다. 이어서 육갑은 자신의 또래거나 어려 보이는 장생에게 '성님이라고 해도 되겠죠?'라며 너스레를 떨며 장생의 화난 마음을 녹여버린다.

나는 이 장면을 보면서 작년에 미국에서 만난 친구가 떠올랐다. 그 친구는 사업하다가 부도를 내고 도망치듯 미국으로 이민을 갔다. 친구는 다행히 지금은 자리를 잡았지만, 처음에는 무척 고생을 했다고 한다. 제대로 직장을 잡지 못했기 때문에 낮에는 막일을 하고 새벽엔 신문배달을 해야 했다. 어둑어둑한 새벽에 신문배달을 하다가 키가 190cm도 넘는 흑인들의 험상궂은 얼굴과 맞닥뜨리면 숨이 멎을 것 같았다고 한다. 본래 로스앤젤레스는 흑인폭동이 일어났을 만큼 흑인 범죄가 많은 곳이다. 극도로 긴장했던 그 순간에 친구가 떠올린 생각은 웃자는 것이었다. '웃는 얼굴에 침 못 뱉는다'는 한국 속담에 영감을 받은 친구는 흑인에게 크게 웃으며 '굿 모닝!'이라고 인사를 했다. 그렇게 했더니 대부분의 흑인들이 마주 웃으며 '굿 모닝'이라고 인사를 받아줬다고 한다.

왕을 웃기면 살 수 있다

간 큰 광대인 장생은 한양에서 제대로 살판을 벌이기 위해 당시 백성들 사이에서 놀림과 비난의 대상이었던 왕과 장녹수를 풍자하는 판을 벌였다. 그 판은 이른바 대박을 터뜨렸다. 그런데 너무 유명해졌기 때문에 왕과 후궁을 조롱한 광대들의 이야기는 궁중에까지 알려졌다. 결국 장생 패는 의금부에 잡혀가서 모진 물 곤장을 맞게 됐다. 맞아죽을 지경에 이르자 장생은 이렇게 죽을 수는 없다며 '왕에게 놀이판을 보여주게 해달라'고 요구했다. 왕이 보고 웃으면 왕에 대한 희롱이 아니므로 죄를 면할 수 있지 않느냐면서. 그러자 왕의 환관이자 궁중의 실세였던 내시가 허락을 해주었다.

　그러나 연산군과 장녹수, 정승 판서들이 보고 있는 대궐마당에서의 공연은 썰렁하기 그지없었고, 장생의 마지막 몸부림에도 왕의 표정은 더욱 차가워질 뿐이었다. 이젠 모두 죽었구나 하고 절망했던 순간, 공길이 일어나 아무도 예상하지 못했던 기지를 발휘했다. 공길은 '윗입을 주랴, 아랫입을 주랴?'고 말하고 난 후 물구나무를 서며 이렇게 외쳤다.

"옛다! 윗입."

상상을 초월했던 그 모습을 보고 난 왕의 입에서 드디어 박장대소가 터져나왔고 광대패들은 목숨을 건지게 되었다.

너 기억나니? 작년 겨울에 엄마아빠가 모처럼 부부싸움을 하고 찜질방에 갔던 일. 네 어머니와 나는 찜질방으로 가는 차안에서도 화를 내며 계속 싸웠다. 나중에 안 사실이었지만 우리 부부가 싸우느라 정신이 없는 동안 너희들은 계획을 짜고 있었다. 남탕과 여탕에 들어가면 각자 한 명씩 맡아 부모님의 마음을 풀어주기로 말이다. 남탕에 들어오자 네가 생글생글 웃으며 내게 말했다.

"아빠 참을 인(忍) 자 세 번이면 살인도 면한대요. 아빠가 참으세요."

나는 전에 없던 애교를 떠는 네 모습에 조금 놀랐지만, 그 덕분에 곧 마음이 풀렸다. 그리고 찜질방에서 네 엄마를 만났을 때, '그래 착한 내가 먼저 화해하자'고 마음먹고 너처럼 웃으며 네 엄마에게 말을 걸었다. 예인이 때문에 자식들의 사랑스러운 계획을 벌써 알고 있었던 네 엄마도 곧 웃음을 보여주었다.

참을 인 자도 그렇겠지만, 웃음이야말로 살인도 면하게 해주는 마법을 갖고 있다. 〈왕의 남자〉라는 영화에서도 그랬지만, 미국에서 신문 배달하던 친구의 경우처럼 또 너와 네 동생의 웃음처럼 현실에서도 그 마법은 얼마나 잘 통했니?

다시 영화 얘기로 돌아가볼까? 왕을 웃기는 이 장면은 웃음의 본질에 대해 대단히 중요한 사실을 알려준다. 참된 유머는 웃음의 대상이 되는 사람조차도 함께 웃을 수 있어야 한다는 것이다. 어떤 대상을 깎아 내리거나 조롱에 가까운 풍자로 웃음을 유발할 경우엔 그 자리에서 가장 잘 나가는 사람을 대상으로 하는 것도 좋은 방법이다. 소외되어 있거나 주목받지 못하는 사람들이 있을 경우엔 그들의 감춰진 재능이나 끼를 살려주는 유머로 좌중을 즐겁게 만들 수 있다면 웃음에 관한 한 도통한 사람이라고 말할 수 있다. 그런 경지는 높은 정신적 수양을 이루고 넓은 아량을 품게 된 사람만이 가능한 일이 아닐까.

웃음으로 아이들을 장악했던 선생님

작년에 같은 부서에서 근무했던 분들 중 이정숙이라는 선생님이 계셨다. 나와 같은 3학년 담임이었는데 바로 옆반을 맡으셨었다. 솔직히 처음에 선생님을 봤을 때는 키도 작고 가녀린 몸에 유약해 보이는 분이 어떻게 아이들을 다룰 수 있을까 하는 의심이 생겼다. 나이는 나보다 몇 살 많으셨지만 누구에게나 허물없이 웃으시는 모습을 보면서는 '3학년 애들이 저 선생님을 우습게보면 어떻게 하나?' 라는 걱정이 절로 들었다. 그런데 나의 걱정이 터무니없는 기우였음이 곧 밝혀졌다. 선생님은 아이들에 대한 넘치는 사랑과 일관성 있는 지도로 며칠 만에 아이들을 완전히 장악해버리셨다. 그러나 뭐니 뭐니 해도 아이들을 꼼짝 못하게 만들었던 건 선생님의 웃음과 유머였다.

　이 선생님은 워낙 타고난 유머감각이 뛰어나기도 했지만 평소에도 대화법이나 화술에 대한 책을 읽으면서 자신의 유머를 갈고 닦으셨다. 선생님으로부터 아이들과 배꼽 잡았던 얘기들을 전해 들으면서 나는 그 보석 같은 일화들을 기록으로 남겨두기 시작했다. 그 일들 중에 특히 재미있었던 일들만 네게 얘기해주겠다. 이 선생님의 코믹한 표정과 말투를 보여줄 수 없다는 게 좀 아쉽다.

✚ 하나. 3학년 4반 교실, 수업 시간에 말 안 듣는 학생 대처법

학생에게는 오직 수업이 중요하다고 믿고 있는 이 선생님, '스승의 날 편지 쓰기 시간' 이건만 아이들에게 수학 진도를 나가려 하신다.

이 선생님 : 오늘, 편지 쓰지 않고 수학 수업을 하겠다.

웅기 : 그냥 편지 쓸래요. 얘들아, 우리 편지 쓰자.

이 선생님 : (갑자기 눈을 동그랗게 뜨며) 웅기야, 너 지금 반항하는 거니? (가슴을 쥐어 잡으며) 아악, 심장이 멎으려고 해.

웅기 : 선생님, 왜 그러세요? 제가 잘못 했어요. 그냥 수업 할게요.

이 선생님 : (겨우 진정하며) 웅기야, 너 왜 그러니? 9시 뉴스에 웅기 때문에 선생님 쓰러지셨다고 나오는 거 보고 싶어서 그래?

웅기 : 아니요, 선생님. 다시는 안 그럴게요.

✚ 둘. 3학년 4반 교실, '소풍비 안 내는 학생 대처법'

이 선생님 : 입장료 2,000원 오늘까지 안 내는 사람들, 내일은 3,000원 낸다. 알겠지?

종민 : 선생님, 저 집에 갔다 올래요.

이 선생님 : (크게 선심 쓴다는 표정으로) 종민아, 그냥 내일 3,000원 내도 돼.

종민 : 아니에요, 선생님. 꼭 집에 가서 가지고 오겠습니다.

✛ 셋. 3학년 4반 교실, '준비물 안 챙겨오는 학생 대처법'

이 선생님, 반 아이들의 전 과목 수행평가까지 일일이 체크하신다.

종민 : 선생님, 스크랩 과제물 내야 되는데 저 신문 없어요.

이 선생님 : (얼굴에 쌍심지를 그으며) 그 신문은 제가 준비해야 되나
　　　　　 요? 내가 안 가져 왔나요? 너, 빨리 안 구해 올래?

종민 : 네, 선생님.

✛ 넷. 3학년 2반 교실, '깡패 같은 학생 대처법'

수업 시간에 민규라는 학생이 이 선생님께 버릇없이 굴었다.

이 선생님 : (굉장히 놀라는 표정으로) 너 깡패야?

민규 : (어리둥절해하며) 아닌데요.

이 선생님 : (크게 안도하며) 그래? 난 깡팬 줄 알았잖아. (갑자기 버럭
　　　　　 소리를 지르며) 깡패도 아닌 자식이 왜 그 모양이야? 야, 이 자식
　　　　　 아. 너 깡패야, 아니야?

민규 : (심하게 당황하며) 아, 아니에요.

이 선생님 : (차분하게 목소리를 가라앉히며) 깡패는 그래도 돼. 근데
　　　　　 넌 안 돼. 알았어?

민규 : 네.

✛ 다섯. 3학년 2반 교실, '깡패 같지 않은 학생 대처법'

자습 시간에 민규와 장난치던 준호가 선생님에게 고자질을 한다.

준호 : 선생님, 민규가 때려요.

이 선생님 : (대수롭지 않다는 듯) 그래? 쟤 깡패니까, 그냥 네가 참아. (타이르듯이) 네가 견뎌야 돼.

준호 : (잠시 후) 선생님 민규가 또 때려요.

이 선생님 : 그래? 그럼 돈 줘서 보내. 깡패잖아.

아이들 : 하하하.

웃음은 보약보다 낫다

갑자기 너에게 궁금한 게 하나 생겼는데 말이다. 이 아버지의 웃는 얼굴은 어떠니? 꽤 매력적이지 않니? 왠지 어색하다고? 그럼 이건 어떠니? 여전히 어색하긴 하지만 그래도 웃는 표정이 제일 낫다고? 그래, 더 많이 웃으면서 살아야 한다. 그래도 지금은 예전보다 웃음이 한결 많아진 편이다. 사실은 나도 웃음에 대해 꽤 관심이 많았다. 처음 웃음에 대해 주목한 게 벌써 7, 8년 전 일이니까 말이다. 텔레비전 건강프로그램에서 웃음의 치유효과에 대한 지식을 접하면서부터였다. 그 후 단학수련원에 가서 3분간 호탕하게 웃는 연습을 하는 등 나름대로 애를 많이 썼지만 웃음을 생활화하는 일이 쉽지는 않았다.

도중에 포기하기도 했지만 꾸준히 노력한 결과 요즘엔 시시때때로 얼굴에 웃음을 지으며 살게 됐다. 처음엔 웃음을 그렸다고 하는 게 맞는 표현일 것이다. 그런데 자꾸 그리다 보니 어느새 저절로 웃을 수 있게 되었다. 그러면서 중요한 사실 하나를 깨달았다. 그건 웃는 동안에는 부정적인 생각이 들어오지 않는다는 거였다. 웃고 있는 순간만큼은 자신을 미워하는 감정이나 스스로를 책망하는 감정이 생기지 않는다는 게 정말 신기했다. 웃음은 내 자신에게뿐만 아니라 다른 사람에게도 호의적인 감정을 갖게 해주었다. 운전을 하다보면 위험하게 운전하는 차를 만나는 일이 종종 있는데, 그럴 때는 저절로 입안에서 욕설이 맴돈다. 그런데 억지로라도 한 번 웃고 나니까 그 운전자를 향해 가졌던 적대감이 어느덧 사라져버렸다. 웃음은 보약보다 낫고, 보약이 줄 수 없는 마음의 건강까지 선사해주는 묘약이다. 또한 웃음은 나를 건강하게 해줄 뿐만 아니라 다른 사람들에게도 건강과 기쁨을 전염시키는 '행복 바이러스'다.

자. 이제 네 사랑방은 모든 준비를 갖추었다. 누구라도 이 방에 들어와서 편히 쉬다 가기도 하고 허기를 달래기도 하고 뜻밖의 선물을 받기도 하는 곳, 네 가슴의 방이 그런 곳이 될 수 있다면 얼마나 좋겠니? 우리 함께 그런 방이 될 수 있도록 반성으로 하는 청소를 게을리하지 말자. 맛난 음식 만드는 일도 부지런히 하고 언제나 방안에 웃음의 에너지가 출렁이게도 하자.

그런데 사랑방에서 벗들과 어울려 놀기만 해서는 안 된다. 더 높은 곳으로 올라가야 한다. 네 영혼에게도 관심을 가져줘야 한다. 네 영혼은 늘 더 성장하고 싶다고 네게 속삭이고 있으니까. 그럼 우리 이 방에서 충분히 쉬고 난 후, 네 영혼이 살고 있는 다락방으로 올라가보자.

영혼의 다락방을 찾아서

다락방은 하늘과 맞닿은 곳이다. 창으로 하늘을 볼 수 있는 신성한 방이다. 다락방을 잃어버린 현대인들은 땅에 있는 것만을 위해 정신없이 땀을 흘리고 있다. 바쁘게 달려가는 사람들을 쫓아가는 동안 우리의 영혼은 보이지 않는 곳에서 지쳐가고 있다. 어떤 영혼은 숨을 몰아쉬며 나도 좀 돌보라고 외치고 있을지도 모른다. 가슴의 사랑방에서 벗들과 어울려 즐기는 데만 머물러 있어서도 안 된다. 우리의 영혼이 지금 서 있는 곳에서 더 높은 곳으로 도약할 수 있는 다락방을 찾아야 한다. 그곳에서 배려의 물을 마시며 우리 마음을 좀먹는 서운함을 씻어내자. 흔들리지 않는 신념의 지팡이를 들고 있노라면 놀라운 기적을 만들어낼 수도 있을 것이다. 다락방은 날마다 마음의 거울을 깨끗하게 닦을 수 있는 곳이다. 보잘것없고 남루한 우리 마음이 깨끗한 거울이 되는 날을 꿈꿀 수 있는 곳이다.

13

죽음의
창을 열자

다락방에 올라와 보니 느낌이 어떠니? 다른 방에 비해 너무 쉽게 들어와서 좀 의외였다고? 그래, 영혼의 방은 이렇게 마음만 먹으면 바로 올라올 수 있는 곳이다. 사람들이 무언가에 쫓기듯 살면서 이 방을 외면하는 게 문제지만 말이다. 또 다른 느낌은? 창문이 너무 높고 벽과 천장이 옛날 사원 같은 느낌을 주기 때문에 조금 낯설다고? 그래, 오래된 도자기 같은 그릇에 물이 담겨 있는 것도, 뱀같이 생긴 지팡이도 네게는 낯선 느낌을 줄 것이다. 왠지 판타지 세계에 온 것 같다고? 그럼 어떠니? 넌 원래 어렸을 때부터 판타지를 좋아했었다. 좋아하긴 했지만 그건 상상 속에서만 가능한 일이었지, 현실과는 다른 게 아니냐고? 글쎄 과연 그럴까? 판타지가 현실과 동떨어진 세계일까?

  팝아트의 거장 앤디 워홀은 '판타지는 일상이다'라고 말했다. 실제로 판타지는 우리의 현실과 전혀 무관한 세계가 아니라 매우 밀접

한 관계를 맺고 있다. 판타지 문학에 자주 나오는 연금술에 대해서 먼저 살펴보자. 연금술이 뭔지는 알지? 그래, 놋이나 쇠로 금을 만들려는 기술이다. 중세 이후에 수많은 사람들이 연금술을 연구했지만 성공한 사람은 없었다. 만약 누군가가 성공해서 금을 만들 수 있었다면, 그래서 지금쯤 금이 온 세계에 넘쳐나게 되었다면 이미 금은 '금이 아닌 것'이 되고 말았을 것이다. 심리학자들은 연금술의 참된 의미를 이렇게 이해하고 있다. '참된 연금술은 한 사람의 인격 속에서 어리석고 이기적이었던 영혼이 고귀하고 아름다운 영혼으로 변화되는 것이다.'

한 사람의 추한 영혼이 아름다운 영혼으로 변화하는 것보다 더 큰 기적이 있을까? 나는 없다고 생각한다. 네 할아버지는 돌아가시기 전날 바로 그런 기적을 보여주셨다. 그건 정말 놀라운 마법이었다.

죽음과의 만남

내가 처음 죽음과 맞닥뜨린 것은 네 할아버지가 위암 판정을 받으셨던 대학 4학년 때였다. 그 후 2년 동안 투병 생활을 하신 끝에 할아버지는 돌아가셨다. 그 기간 동안 집에는 늘 죽음의 그림자가 드리워져 있었다. 정작 두려운 것은 죽음 그 자체보다 죽음을 기다리는 시간이었다. 죽음 앞에서 죽음을 극복할 수도 없고 막을 수도 없다는 그 절망감과 무력감이 우리를 비통하게 만들었다.

어렸을 때 고아원에서 살았던 할아버지는 청소년이 되자 고아원에서 뛰쳐나가 험난한 세상을 온몸으로 부딪히며 사셨다. 사랑을 받을 줄도 모르고 사랑을 줄 줄은 더욱 모르셨기에 좋은 아버지와 좋은 남편은 아니셨다. 술도 많이 드셨고 도박으로 재산도 많이 탕진하셨고 성격이 완고하고 강팍하셨다.

그러던 할아버지도 암에 걸리자 무척 약해지셨다. 가족을 따라 교회에 다니게 되셨고, 신앙으로 암을 극복하려고 무던히 애를 쓰셨다. 하지만 새벽예배에 다녀오실 때마다 하나님께 믿음을 달라고 기도하실 정도로 믿음이 생기지 않아서 늘 안타까워 하셨다. 그러던 할아버지는 돌아가시기 몇 주 전 온통 빛 속에서 '네 병이 나았다'는 음성을 듣기도 하셨고, 빛이신 그 분의 품 안에서 말로 표현할 수 없는 기쁨과 평화를 느끼기도 하셨다. 놀라운 체험을 한 할아버지는 천사처럼 아름다운 모습으로 죽음을 만나셨다. 돌아가시기 전날 할아버지는 마치 소풍 가는 기쁨으로 들뜬 아이처럼 행복해하셨다. 할아버지는 신랑을 맞는 신부처럼 자꾸 거울을 보시며 머리를 만지셨고 이발과 목욕을 하고 싶다고 하셨다. 담당 여의사를 보며 천사처럼 예쁘다고 하셨고, 사이가 좋지 않았던 처남이 보고 싶다고 하셨다. 그리고 밖으로 나가자고 하셨다. 휠체어를 타고 병원 밖으로 나온 할아버지는 따사로운 겨울 햇살과 나무와 신선한 공기를 처음 경험해보는 사람처럼 좋아하셨고 행복해하셨다. 할아버지는 다음 날 아침에 의식을 잃은 상태에서도 가족들과 교인들이 부르는 찬송가를 들으며 하늘을 향해 두 팔을 들어올리고 계시다가 평화롭게 돌아가셨다.

늦었지만 충분했던 아버지와의 화해

상처투성이었고 완악했고 유약했고 자기중심적이었던 아버지는 평화롭고 아름다운 죽음으로 자식들에게 최고의 선물을 남기고 떠나셨다. 만약 아버지가 그동안 살아왔던 삶처럼 고통스럽고 슬프게 돌아가셨

157

다면 나를 비롯한 가족들은 오래도록 고통을 겪어야만 했을 것이다.

아버지는 돌아가신 후 나의 꿈속에 드물게 찾아오셨다. 꿈속의 나는 아버지를 볼 때마다 생전의 모습처럼 무섭고 음울한 모습일 거라는 예상을 했는데, 아버지는 꿈속에 찾아오실 때마다 내 예상을 보기 좋게 뒤엎어버리셨다. 단 한 번도 어김이 없으셨다. 아버지는 마치 천국에서 지내고 계신 듯 언제나 기쁨이 꽃처럼 피어나는 웃음을 지어 보이셨다. 목소리는 기억에 남아 있지 않지만 아버지는 늘 내게 한없이 자애롭고 평화로운 메시지를 전해주고 떠나곤 하셨다. 아버지는 꿈속에 오실 때마다 아들에게 무엇과도 바꿀 수 없는 선물, '죽음은 멀리 있는 것도 두려운 것도 아니다' 라는 깨달음을 한 아름 안겨주셨다.

이제 다락방의 창이 높은 이유를 조금 알겠지? 그래. 가능한 한 하늘, 곧 돌아갈 곳을 가까이 보며 살라는 뜻이다. 죽음과 더욱 가깝게 사는 사람일수록 삶을 그만큼 깊이 있게 살 수 있기 때문이다. 그리고 자신의 삶을 깊게 살았던 사람이라면 죽음의 순간이 찾아왔을 때도 고귀하고 아름답게 죽음을 맞을 수 있지 않을까?

조건 없이 사랑한 사람

영화 〈프라이드 그린 토마토〉에는 이웃과 가족을 온전히 사랑했기 때문에 아름답게 죽음을 맞을 수 있었던 사람이 나온다. 잇지의 친구인 루스가 그 사람이다. 루스는 흑인이나 노숙자들도 한 사람의 소중한 인격체로 사랑했다. 루스는 영화 속에서 영성 지수가 500인 박애의 모습을 가장 잘 보여준 인물이다.

루스의 모습에서 또 하나 두드러지는 영성은 평화다. 영성지수가 600인 평화는 최상의 단계인 깨달음 바로 밑에 있는 영성이다. 어느 날 무정한 운명은 루스에게 아들 버디가 기차 사고로 팔을 잃게 되는 불행을 안겨주었다. 자애롭고 강인한 어머니인 루스는 버디를 위해 팔 무덤을 만들어주고 장례식을 치러주었다. 그럼으로써 아들이 외팔이라는 놀림에도 꿋꿋이 이겨낼 수 있는 용기를 갖게 해주었다. 자기 팔의 장례식을 마친 후 아이들과 해맑게 뛰어가는 버디의 모습을 보며 루스는 평화로운 얼굴로 말한다.

"아버진 늘 애들을 돌보는 신은 따로 있다고 말씀하셨어."

루스가 죽는 장면이야말로 평화 그 자체였다. 자신의 죽음을 예감했던 루스는 잇지에게 '연못 이야기'를 해달라고 부탁했다. 연못 이야기는 잇지가 말할 때마다 내용이 바뀌는 농담이었다.

"한때 마을에 연못이 있었지. 어느 날 늦가을 오리 떼가 내려와 앉았어. 그런데 갑자기 기온이 떨어져 연못이 얼어서 오리 떼들이 얼어붙은 연못을 매단 채 날아갔어. 그 연못은 지금 조지아 주 어디쯤 있대."

루스는 잇지가 슬픔을 참고 들려주는 연못 이야기를 들으며 조용히 숨을 거뒀다. 창밖을 바라보며 얘기를 들려주던 잇지는 불길한 예감을 느끼고 루스에게 다가갔다. 그리고 평화로운 모습으로 죽은 루스를 보게 된다. 루스가 세상을 떠난 후 사람들은 알게 된다. 모든 사람들이 루스를 사랑했었다는 사실을.

남김 없이 자신을 던진 사람들

톨스토이는 『인생론』에서 '자기 속에 있는 생명인 사랑을 이웃을 위해 남김없이 쏟아낸 사람만이 두려움 없는 죽음을 맞을 수 있다.' 고 했다. 루스의 삶과 죽음은 톨스토이가 설파했던 이상적인 인생 그것이었다.

자신의 죽음과 정직하게 마주할 수 있는 것은 결국 자신의 삶뿐이다. 삶의 매순간들이 떳떳하고 두려움이 없었다면 죽음이라는 새로운 여행도 기대와 설레는 마음으로 떠날 수 있지 않을까?

오직 인간만이 숭고할 수 있다

〈아름다운 청년 전태일〉은 1970년 평화시장 노동자들의 근로조건을 개선하라며 분신자살했던 전태일의 삶을 영화화했다.

태일은 열일곱 살 때 재단사 보조인 시다로 평화시장 피복 공장에 들어갔다. 부지런히 기술을 배운 태일은 몇 년 뒤에 재단사가 되었다. 70년대의 피복 공장은 지금은 상상할 수 없을 정도로 근무상황이 좋지 않았다. 열여섯 시간씩 일하는 건 보통이었고 밤샘 작업도 밥 먹듯이 했었다. 영화에서 나오는 것처럼 환풍기도 없는 좁은 작업실에서 먼지구덩이와 함께 온종일 일하다가 폐병에 걸리는 사람들도 있었다. 태일은 열두세 살 된 여자 시다들이 혹독한 노동 속에서 시력을 잃기도 하고 졸다가 미싱에 손가락이 박히는 모습들을 보면서 그들을 모른 체하지 않았다. 그는 그네들의 아픔을 자기의 아픔처럼 아파했다. 태일은 자신의 차비로 점심도 못 먹고 일하는 시다들에게 풀빵을 사주고는 몇 시간씩 걸어서 집으로 돌아오곤 했다. 또한 늘 사장에게 욕을 먹으면서도 졸면서 일하는 어린 시다들을 먼저 보내고 재단사인 자신이 뒷정리를 하곤 했다.

태일은 고통스런 현실 속에 주저앉지 않았다. 스물두 살이 됐을 때 '오늘 같은 내일이 되지 않도록 투쟁해야겠다'고 굳게 결심한 태일은 친구들과 '바보회'를 조직했다. 바보회는 '어린 시다들이 먼지 속에서 죽도록 일하다 폐병이 들어 공장에서 돈 한 푼 못 받고 쫓겨날 때 가만히 있었던 바보들'이었다는 자각과 반성의 뜻이 담겨 있는 이름이었다. 태일은 노동청과 시청에 '근로조건 시정요구서'를 제출했지만, 담당직원들에게 무시만 당하고 돌아왔다. 다시 삼동회를 조직하여 시정요구서를 제출해도 노동청에서 계속 퇴짜를 놓자, 태일은 신문기자들에게 기사를 써달라고 부탁했다. 기자들의 호응으로 태일과 삼동회는 평화시장의 불법근로실태에 대한 기사가 신문에 실리게 하는 데 성공한다. 그러자 노동부 관계자와 공장사장들이 태도를 바꾸는 듯했다. 그들은 삼동회를 요리집으로 불러서 일주일 뒤에 요구조건을 들어주겠다고 약속했다. 그러나 일주일 뒤 국정감사 기간이 끝나자 그들은 다시 돌변해서 약속을 지키지 않았다.

그러자 태일은 대규모 시위를 계획하고 많은 동료들에게 동참을 호소했다. 그러나 운명의 11월 13일, 미리 들이닥친 경찰들로 데모는 제대로 진행되지 못했고, 사장들의 압력을 받은 노동자들은 작업실에서 꼼짝도 하지 않았다. 그러자 태일은 근로기준법 책을 태우기로 했던 계획을 바꾸고, 전신에 휘발유를 쏟아부은 후 시장 한복판으로 나가서 라이터로 자신의 몸에 불을 붙였다. 온몸이 화염에 휩싸인 태일은 '근로기준법을 준수하라!', '우리는 기계가 아니다'라고 외치다가 쓰러졌고, 그 소식은 삽시간에 공장들로 퍼져서 모든 노동자들이 밖으로 나와 데모에 동참했다. 그리고 보름 후 그토록 바라던 청계피복 노동조합이 결성되었다.

태일의 숭고한 죽음은 그 이후 우리나라의 노동운동과 학생운동의 기폭제가 되었다. 오늘날 좋은 근로환경과 임금조건에서 일하는 모든 노동자들은 전태일에게 큰 빚을 진 셈이다.

그리스의 대서사시 '일리아드'를 영화화한 〈트로이〉에도 숭고하게 죽는 영웅들이 나온다. 그리스의 용맹한 전사 아킬레스는 트로이 전쟁에 나가서 트로이의 군사들을 가을바람에 날리는 낙엽처럼 쓰러뜨렸다. 또한 트로이의 영웅인 헥토르는 자신이 아킬레스와 싸우면 죽을 거라는 걸 알면서도 아군들을 무참히 쓰러뜨리던 아킬레스에게 도전하여 장렬하게 죽음을 맞았다. 아킬레스도 마찬가지였다. 자신의 어머니였던 테티스 여신이 전쟁에 나가면 죽을 거라며 나가지 말라고 눈물로 애원했는데도 아킬레스는 운명을 향해 스스로 걸어갔고, 유일한 약점이었던 발꿈치에 독화살을 맞고 죽었다.

숭고(崇高)란 '절대적으로 크고 높고 아름다운 것'을 뜻한다. 인간이 고귀한 정신의 힘으로 죽음을 뛰어넘었을 때 우리는 그에게 '숭고'라는 이름을 헌사한다. 그리스 신화에 나오는 헥토르와 아킬레스 같은 영웅들이 그랬고, 아름다운 청년 전태일이 그랬다. 숭고는 불멸의 존재인 신들에게는 결코 허락될 수 없는 것이기도 하다. 신들은 죽을 수 없었기 때문에 죽음을 초월할 수 있을 만큼 큰 용기를 가질 수 없는 존재들이었으니까. 오직 가난하고 힘없고 병든 몸으로 먼지 구덩이에서 미싱을 돌리던 수많은 노동자들에게 인간으로서의 권리를 되찾아주기 위해서 자신의 몸을 불사르며 죽음을 초월했던 전태일 같은 사람만이 숭고할 수 있는 것이다.

졸음에 대한 명상

아버지는 돌아가시기 몇 달 전에 남대문 시장에서 침대를 하나 사오셨다. 그건 한 사람이 누워서 잘 수 있는 매트리스 밑에 낡은 스프링이 깔려 있던 간이 침대였다. 아버지는 침대 위에 앉아 졸면서 텔레비전 보는 걸 무척 좋아하셨는데, 나중에 난 아버지가 정작 좋아하셨던 게 텔레비전을 보는 게 아니라 졸음 그 자체였다는 걸 알게 됐다. 아버지와 함께 텔레비전을 보다 보면 어느새 아버지는 졸고 계셨다. 스프링이 푹 꺼져 움푹 들어간 매트 위에서 아버지는 허벅지 사이에 손을 찔러 넣고 옹송그리고 앉아서 꾸벅꾸벅 졸다가 잠이 들곤 하셨다. 내가 텔레비전을 끄면 아버지는 금방 깨셔서 '나 잠든 거 아니었다'고 말씀하시며 텔레비전을 다시 켜달라고 하셨다.

그때는 아버지의 행동이 이해되지 않았는데, 아버지가 돌아가신 몇 년 뒤 결혼을 한 후에야 나는 아버지의 졸음이 얼마나 달콤했었는지를 알 수 있었다. 신혼 시절 나는 철학책에 빠져서 제법 녹록지 않은 책들을 섭렵하곤 했는데, 네 어머니가 차려준 맛난 저녁을 먹은 후 책을 집어들고 읽다보면 졸음이 꾸벅꾸벅 몰려왔다. 졸음을 참으며 철학책을 붙들고 늘어졌지만 내 머리는 책상바닥으로 자꾸만 떨어지고 있었다. 그러던 어느 순간 나는 잠에 빠지기 직전의 기가 막히게 달콤하고 황홀한 맛을 맛보게 되었다. 철학의 바다를 유영하던 나의 의식이 온몸의 혈관 속으로 스며들던 잠에게 이끌려 다다른 낭떠러지

끝에서 바닥 없는 심연으로 떨어지기 직전의 그 혼미와 황홀감은 참으로 강렬했다. 그제야 나는 아버지가 출렁거리던 침대 위에서의 졸음을 그토록 사랑하셨던 이유를 온전히 이해할 수 있었다.

어쩌면 마지막 숨을 거두시던 순간에 아버지가 느끼셨던 것은 그 잠에 빠지기 직전의 졸음처럼 비길 수 없었던 절대의 희열이 아니었을까? 우리가 죽음 속으로 들어간다는 것도 그토록 황홀했던 졸음과 잠의 경계 속으로 들어가는 것과 같은 것이 아닐까?

너는 꿈속에서 누군가 자신을 죽이려고 할 때 도망가는 편이니, 아니면 그 사람과 맞서는 편이니? 음, 너도 역시 나처럼 도망가는 편이구나. 그런데 꿈 중에서 죽는 꿈이 가장 좋다는 거 알고 있니? 꿈속에서의 죽음은 영혼의 성장을 의미한다고 한다. 새로운 내가 태어나기 위해서는 옛날의 내가 죽어야 하는 거니까 영적인 의미에서는 그 해석이 일리가 있다고 생각된다.

우리 영혼이 올라가야 할 산은 얼마나 높을까? 에베레스트 산보다 높을 것 같다고? 그렇겠지. 너는 그 높은 산으로 올라가고 싶니? 그래. 물론 나도 마찬가지다. 우리 이제는 다락방으로 자주 올라와서 하늘로 난 창을 보며 되도록이면 죽음과 가까이 살도록 하자. 그럴 수만 있다면 우리는 삶을 그렇듯 깊게, 또한 후회 없이 살게 될 것이다.

내 마음의 방은
몇 개인가

14

신기한
생수

아들아, 저 그릇에 담겨 있는 물을 한 번 가만히 들여다봐라. 어떤 느
낌을 주니? 뭔가 신비스러운 기운이 느껴지지 않니? 이 물은 마시는
사람에게 놀라운 능력을 갖게 하는 신비한 물이다. 그래도 눈으로 보
기에는 그냥 수돗물 같다고? 사실은 네 말이 맞아. 이 물은 하늘에서
내려온 물은 아니다. 수돗물은 아니고 정수기 물이다. 한 번 마셔봐.
맛이 어떠니? 왠지 집에서 먹는 물보다 맛은 좋은 것 같다고? 이 물
맛이 좋은 이유는 물을 담고 있는 그릇 때문이다. 맛도 맛이지만 이
렇듯 고풍스러운 그릇에 담겨 있기 때문에 이 물에 특별한 의미가 부
여될 수 있었던 거다. 평범한 정수기 물이 성스러운 물로 변화된 것이
다. 그렇다고 이 그릇이 수백만 원짜리 도자기는 아니다. 다만 마음으
로 그릇에 성스러운 의미를 부여하는 것이다.

　우리의 마음이 얼마나 힘이 센지는 너도 조금 알고 있지 않니? 그

리스 신화에 그것을 극명하게 보여주는 이야기가 있다. 바로 '피그말리온 효과'에 대한 이야기다. 자신이 상아로 조각한 여인에게 반해서 날마다 어루만져주고 사랑을 쏟아주었더니 진짜 여인이 되었다는 신화만큼 마음의 힘에 대해서 잘 표현한 이야기는 없는 것 같다. 네가 이 그릇과 물에 신성한 의미를 부여하며 마신다면 이 물은 네 속에서 놀라운 변화를 일으키게 될 것이다.

그럼 이 물에 어떤 의미를 부여하는 것이 좋을까? 나는 '배려'의 능력을 얻을 수 있는 물이라는 의미를 부여했다. 배려는 우리의 마음속으로 들어와서 치명적인 질병을 일으키는 서운함이라는 바이러스를 치유하는 특효약이기 때문이다. 서운함이 그렇게 무서운 거냐고? 그건 그냥 잠시 왔다가 사라지는 감정에 불과한 거 아니냐고? 과연 그럴까? 지금부터 들려주는 영화 이야기를 듣는다면 너도 '아, 나도 그런 적이 있어요' 하며 고개를 끄덕이게 될 걸? 서운함은 처음에 마음속으로 들어올 때는 작은 바늘 같지만 나중엔 소처럼 커져서 마음을 다 차지해버리는 무서운 녀석이다.

이보다 더 서운할 수 없다

아마도 〈친구〉의 저 유명한 대사인 '내가 니 시다바리가?'라는 말만큼 서운함의 감정에 대해서 실감나게 표현하는 말은 없을 것 같다. 4명의 친구들 중 보스 격인 준석이 그에게 열등감과 추종심을 함께 갖고 있었던 동수로부터 들은 말이었다.

준석이 전교에서 1, 2등을 다투던 상택에게 여자 친구 진숙을 잠시 만나게 해준 일로 동수는 준석에게 서운함을 느낀다. 가슴속으로 들어온 서운함이 점점 커지자 동수는 화장실에서 준석과 마주쳤을 때 왜 상택에게만 잘 해주느냐고 따졌다. 그러자 준석은 '친구 아이가?'라며 대수롭지 않게 넘어가려고 했다. 자신의 서운함을 헤아려주지 않는 준석에게 더욱 화가 난 동수는 나가려는 준석의 어깨를 잡고 '내가 니 시다바리가?' 라고 말하며 끓어오르는 분노를 표현했다. 서운함이 점점 자라서 분노가 되는 과정을 잘 보여주는 장면이다. '시다바리' 는 '뒤치닥거리 하는 사람', '잔심부름 하는 사람' 을 뜻하는 일본 말이다. 동수의 마음은 '상택이보다 내가 더 너를 위해 애써왔는데 왜 상택이만 챙기느냐?' 는 서운함으로 참담해졌던 것이다. 그때는 준석의 '니 죽을래?' 한 마디로 바로 꼬리를 내렸지만, 동수는 나중에 준석을 배신하고 다른 조직에 들어갔고, 결국 서로에게 적이 되어 싸우다가 함께 비참한 최후를 맞게 된다. 동수는 준석이 보낸 조폭에게 죽고, 준석은 감옥에서 사형판결을 받는다.

서운함을 오래도록 가슴속에 쌓아두면 마음속에서 '인지적 왜곡'이라는 현상이 일어난다. 동수의 경우에는 인지적 왜곡 중 하나인 '단정적으로 명명하기(global labeling)' 에 해당하는 증상이었다. 이것은 '어떤 상황에 대하여 자신에게 단정적인 대명사나 별명 같은 것을 붙임으로써 고정관념에 사로잡히는 현상' 을 뜻한다. 동수는 준석이 자신에게 했던 무수한 행동 중에서 진숙을 잠시 사귀게 해주지 않은 일에만 화가 나서 스스로를 단정적으로 '시다바리' 라고 명명했던 것이다. 물론 이런 왜곡은 장의사의 아들이라는 자격지심 때문에 비롯된 측면도 있었다. 아무튼 서운함으로 생각이 휘어져버렸던 동수는 준석과의 불화를 극복하지 못하고 불행한 최후를 맞고 말았다.

내게 관심 좀 가져주세요

〈여선생 여제자〉의 맹랑한 학생 고미남은 5학년 첫날부터 담임선생님의 관심을 끌기 위해서 지각을 했다. 그러나 학교에서 무섭고 성격 나쁘기로 악명 높은 여미옥 선생님은 미남에게 계속 무관심과 냉대로 대했다. 나중에 미남이가 선생님에게 울면서 고백한 것처럼 담임선생님은 버스 정류장에서 만난 미남을 모른 척하고 가버렸고, 미남이 선배들이 괴롭힌다는 고충을 얘기하려 할 때 반장인 경수한테만 관심을 가졌다. 그러던 중 선생님과 미남은 연구 수업 전날 크게 부딪친다. 기분이 좋았던 선생님이 모처럼 아이들에게 재미있는 얘기라고 해주고 있었지만, 아이들은 모두 자기 자랑만 늘어놓는 선생님의 얘기를 지루해하면서 억지로 듣고만 있었다. 그때 아이들 속에서 미남이가 갑자기 '선생님, 그냥 수업이나 하시죠'라는 한 마디를 내뱉어서 순식간에 교실을 얼어붙게 만들었다. 심한 모욕감을 느낀 선생님은 방과 후에 미남이의 어머니에게 전화를 해서 미남이가 수업태도도 안 좋고 선생님한테 막 대드니까 집에서 교육 좀 잘 시키라는 뜻을 전달했다. 선생님이 학생에게 서운하게 했던 일이 다시 학생이 선생님을 서운하게 하고 갈등의 골이 점점 깊어져서 이제는 수습할 수 없는 지경까지 이르게 되었다.

이런 모습에서 여선생님과 미남에게 나타나는 인지적 왜곡 현상을 '여과하기(filtering)'라고 일컫는다. 여과하기는 마치 캄캄한 유리를 통해서 세상을 보는 것으로 비유할 수 있는데, 어둠 속에서 자신이 보고 싶은 부분만 전등으로 비추어보는 것처럼 사고하는 것이다. 그러니까 여선생님은 미남의 행동 중에서 '예의 없고 당돌한 것'만 여과하여 보았던 거고, 미남은 담임선생님의 모습 중에서 짝사랑하던 미술 선생님의 '적으로서의 모습'에만 불빛을 비춰보았던 것이다. 자, 자존심이 강하고 셌던 두 사람의 인지적 왜곡, 즉 휘어진 생각들은 서로 충돌하여 어떻게 될까?

선생님의 전화로 어머니로부터 심한 꾸지람을 들은 미남은 다음 날 공개 수업시간에 담임선생님을 향해 '휘어진 생각'의 결정타를 날린다. 선생님을 한여름의 일기예보처럼 변덕스럽고 사람들을 불안에 떨게 하는 존재로 신랄하게 묘사한 '노처녀'라는 시를 발표하여 각본대로 잘 진행되던 공개수업을 엉망진창으로 만들어버렸다. 수업을 참관한 장학사들 앞에서 큰 망신을 당한 교장선생님은 담임선생님을 크게 질책하고, 혼이 빠진 담임선생님은 반 아이들에게 벌을 준다. 상황은 더욱 안 좋아진다. 자기 때문에 벌받는 아이들에게 미안해진 미남이 선생님 앞으로 나가서 아이들을 벌주지 말고 자기만 혼내달라고 고집을 부렸다. 큰 모욕감을 느낀 선생님은 미남의 뺨을 때렸고, 미남은 교실을 뛰쳐나갔다.

다음 날엔 반 학생이 미남이가 뺨 맞는 모습을 찍은 동영상을 인터넷에 올려서 학교가 또 발칵 뒤집힌다. 학부모들까지 교실로 쳐들어와서 선생님은 궁지에 몰린다. 그러나 반 아이들의 따뜻한 마음으로 선생님은 위기를 넘기고 담임선생님과 미남도 화해를 하여 영화는 해피엔딩이 된다.

배려는 서로 행복할 수 있는 열쇠

우리가 조금만 서로를 배려할 수 있다면 사람 사이의 관계를 파탄에 이르게 하는 서운함이라는 바이러스를 막을 수 있다.

〈여선생 여제자〉에서 공개수업 중에 망신을 당한 여미옥 선생님이 파국으로 치닫지 않을 수 있었던 결정적인 계기는 반 아이들의 투표 결과였다. 뺨 맞는 동영상을 보고 머리끝까지 화가 난 학부모들이 교실로 들이닥쳐서 선생님을 맹렬히 비난했다. 교장선생님이 학부모들을 말리며 '학생이 맞을 짓을 해서 맞은 거'라고 변명하자, 학부모들은 과연 맞을 짓을 해서 맞았는지 알아보자며 반강제적으로 투표를 하게 했다. 그런데 예상하지 못했던 투표결과가 나왔다. 한 명을 제외한 모든 아이들이 '학생이 맞을 짓을 했다' 쪽에 투표했던 것이다. 미남이처럼 용기도 오기도 없어서 고래 싸움에 새우등 터지듯 고통만 당하던 아이들은 무슨 생각으로 그렇게 투표를 했을까? 미남이가 쓴 시의 내용처럼 담임선생님이 신경질적이고 다혈질이어서 늘 불안에 떨며 지냈던 아이들은 감히 선생님과 맞서는 미남의 모습을 보면서 대리만족을 느끼기도 했을 것이다. 하지만 공개적으로 모욕을 당한 선생님이 또다시 격해진 감정을 다스리지 못하고 제자의 뺨을 때려서 교실을 뛰쳐나가게 한 후에 고스란히 받아 안아야 했던 스스로에 대한 수치심과 자괴감을 아이들은 헤아렸던 게 아니었을까? 아이들이 모두 돌아간 교실에서 홀로 참담해진 마음으로 흐느껴 울던 선생님의 모습을 보지 못했어도 아이들은 선생님의 마음을 느낄 수 있었기 때문에 아무도 그렇게 하자고 말하지 않았는데도 대부분 '학생이 맞을 짓을 했다'로 투표하여 선생님을 배려했다.

나중에 선생님과 제자는 화해를 하고 사직서를 냈던 선생님이 다시 학교로 돌아오지만, 반 아이들의 암묵적인 배려가 없었다면 선생님은 선생님으로서의 정체감을 회복하지 못했을 것이다. 배려는 이처럼 서운함이라는 병균을 퇴치하는 특효약이면서 사람들의 관계를 행복하게 여는 열쇠가 된다.

서운함을 다스리는 사람

서운함을 느끼지 않을 수 있다면 좋겠지만 살다보면 반드시 서운함을 느끼게 되는 상황을 만난다. 사람이란 태생적으로 불완전하고 실수투성이인 존재이기 때문이다. 중요한 것은 서운함이라는 감정이 들어왔을 때 그 감정을 잘 관리하는 방법이다. 서운함은 자신과의 대화를 통해 자꾸 커진다.

'그 녀석이 어떻게 나한테 이럴 수가 있어? 내가 얼마나 잘 해줬는데?'

서운했던 일은 생각할수록 더 괘씸해지고 화가 난다. 그러다보면 그 사람이 내게 했던 고마운 일들은 깡그리 잊어버리고 그 사람의 장점이나 좋은 점도 볼 수 없게 된다. 나중엔 그 사람과의 인간관계가 힘들어져서 더 이상 지속할 수 없는 상태에 이르기도 하고, 또 관계가 중단되기도 한다. 그것은 그 사람이 나에게서 떨어져 나가는 것이기도 하지만, 나의 인간관계가 점점 줄어드는 것이기도 하다. 그러다보면 나중엔 사람들에 대한 원망으로 가득 찬 폐쇄적인 사람으로 전락할지도 모른다.

이쯤에서 네게 중요한 진실 하나를 알려주고 싶다. 너는 서운함이나 분노 등의 '너의 감정'을 '너'라고 생각하니? 우리는 대부분 자신의 감정이 자기 자신이라고 생각하며 살고 있다. 그러나 나의 감정은 참된 내가 아니다. 감정은 어떤 상황에서 나에게 왔다가 상황이 바뀌거나 시간이 지나면 나로부터 떠나버리는 것에 불과하다. 다만 일상에서 많은 사건들을 겪는 동안 쳐들어오는 무수한 감정의 소용돌이 속에 빠져버린 사람들이 감정과 참된 자신을 구분하지 못하고 살아가는 것일 뿐이다. 그런 면에서 아침에 눈 뜨는 순간부터 집에서 학교로, 학교에서 학원으로, 숙제로 공부로 시험으로 눈코 뜰 새 없는 일과를 감당해내야만 하는 너희에게 애초부터 '감정'과 '참된 자아'를 분별할 줄 아는 사람이 되라고 요구하는 것은 어쩌면 무리일지도 모른다. 늘 버거운 일들에 쫓기며 사는 동안 어수선하고 허술해진 마음속으로 바이러스처럼 침입한 감정은 정신을 감염시키고 자아를 마비시켜서 삶을 온통 뒤흔들며 삶의 지배자가 되는 것이다.

어떻게 하면 감정의 노예가 되지 않고 감정의 주인 노릇을 할 수 있게 될까? 그건 앞에서 말했듯이 '나의 감정과 생각은 내 자신이 아니다'라는 확고한 인식과 흔들림 없는 믿음이 있어야 가능하다.

내 마음의 방은
몇 개인가

15

마법의 지팡이

너 처음부터 저 지팡이에 눈독을 들이던데? 저게 뭘까 정말 궁금하지? 저 지팡이를 보니까 뭐가 생각나니? 모세의 지팡이가 떠오른다고? 한 번 집어서 던져볼래? 뱀이 될지도 모르잖아. 진짜 뱀이 되면 어떻게 하냐고? 그럼 꼬리를 만지면 다시 지팡이가 되겠지. 뱀은 징그러워서 싫다고? 그런데 마음속에서 이 지팡이가 생겼을 때는 나도 모르게 놀라운 용기를 가졌던 경험이 종종 있다. 그 지팡이는 바로 신념의 지팡이다. 신념과 믿음은 우리의 삶에서 도저히 불가능했던 일을 가능하게 해주는 마법을 갖고 있다.

바람 앞의 갈대 같은 존재
누군가에게 신뢰를 받는 것보다 더 든든하고 행복한 일은 없다. '나를 믿을 만한 사람으로 여겨준다는 것', 그것이 그토록 기쁨을 주는 건 스스로에게는 자기 자신이 그다지 미덥지 못한 존재이기 때문이 아닐까? 바람에 흔들리는 나뭇잎처럼 우리의 자아는 불확실한 세계 속에서 끊임없이 흔들리며 살아가는 존재니까 말이다.

따라서 우리가 누군가를 믿는다는 건 바람 앞의 갈대처럼 쉴 새 없이 흔들리는 어떤 자아를 믿는 것이다. 곧 믿을 만하지 못한 존재를 믿어주는 거다. 내가 어렸을 적에 네 할머니가 나를 그렇게 믿어주셨었다. 나는 한 치의 의심도 없이 나를 믿어주셨던 어머니 앞에서 가장 약해졌었다. 어머니의 그 천진스럽고 무구한 눈빛 앞에서는 도저히 거짓말을 할 수 없었으니까. 눈치 없음 때문이었는지 알면서도 속아주심 때문이었는지 하여간 어머니의 무한한 신뢰는 그 후에 내가 친구들로부터 일진회에 가입하라는 청을 수없이 들을 때마다 거의 무너질 뻔했던 마음을 다잡아준 질긴 끈이었다.

어쩌면 믿음이야말로 사람이 사람에게 줄 수 있는 최고의 선물이 아닐까? 어머니, 연인, 친구로부터의 큰 믿음은 한 사람 속에 감춰져 있던 무한한 잠재능력을 발휘하게 하는 원동력이 되지 않니? 영화 속에는 그런 이야기가 아주 많다.

장님은 되도 바보는 되지 않을 거다

〈레이〉는 전세계적으로 유명한 흑인 재즈 보컬리스트인 레이 찰스의 일대기를 다룬 영화다. 레이가 장님이라는 역경을 딛고 가수로서 부와 명성을 얻기까지는 어머니의 가르침과 믿음이 절대적인 영향을 주었다.

어렸을 때 레이는 자신의 실수로 동생이 죽자 큰 충격을 받았다.

그리고 레이는 동생을 잃은 아홉 달 후부터 시력을 잃기 시작했다. 점점 흐려지던 세상은 급기야 암흑상태가 되었고, 이때부터 어머니의 혹독하고도 지혜로운 교육이 시작됐다.

눈이 먼 얼마 후 레이는 집으로 뛰어 들어오다가 의자에 부딪혀 넘어졌다. 레이는 "엄마, 도와달라"며 울부짖었다. 부엌에서 그 모습을 지켜보던 어머니는 아들을 도와주려다가 그냥 지켜보기로 마음먹는다. 어머니의 대답이 들리지 않자 레이는 일어나서 손으로 집안을 더듬기 시작했다. 불가에 손을 대보다가 얼른 떼고 벽을 만지며 위치를 가늠하다가 바깥에서 들려오는 소 울음소리를 들었다. 어머니는 가슴을 칼로 베인 것 같은 아픔을 참으며 그런 모습들을 지켜보았다. 그 순간 아들에게 뛰어가서 일으켜주는 일은 얼마나 쉬웠을까? 아들을 안으며 위로하는 일은 얼마나 쉬웠을까? 레이의 손발이 되어 아들에게 세상 누구보다 소중한 존재가 되는 일은 또 얼마나 쉬웠을까? 얼마나 원했던 일이었을까? 하지만 어머니는 그 모든 마음들을 이를 악물고 참아냈다. 잠시 후 레이는 의자 밑으로 기어가는 귀뚜라미 소리도 듣게 될 정도로 귀가 열린다. 귀뚜라미를 잡아 귀에 대고 울음소리를 듣던 레이는 드디어 어머니의 인기척 소리까지 듣게 된다. "엄마 소리도 들려요. 거기 있잖아요"라고 말하며 레이는 어머니에게 다가가 어머니와 포옹을 했다. 눈물을 흘리는 어머니에게 레이가 왜 우시냐고 묻자 어머니는 너무 행복해서 운다고 대답했다. 그 순간까지 어머니는 레이가 스스로의 능력으로 자신을 책임질 수 있을 거라고 확실하게 믿고 있었다. 아들의 귀와 기억력이 눈을 대신할 수 있다는 것을 믿지 못했다면 어머니는 레이가 귀뚜라미의 소리를 들을 수 있을 때까지 기다리지 못했을 것이다. 그리고 그런 믿음을 아들이 증명해 주자 감동의 눈물을 흘렸다. 어머니는 레이에게 이런 약속을 받는다.

"네가 어머니를 위해서 뭔가를 해주고 싶다면 약속하거라. 아무도 너를 장애인으로만 생각하지 못하게 해라. 동정받고 살지 마라. 네 두 발로 살아나가거라."

그 이후 레이는 미국 전역뿐만 아니라 세계 대도시를 순회하며 공연하는 위대한 뮤지션이 되었고, 흑인 최초로 인종차별에 반대하여 공연을 취소하는 등 흑인 인권을 위해 기여한 역사적인 인물이 되었다. 그는 또한 유명해진 이후에도 자신이 뿌리를 잊지 않고 평생 동안 매해 20만 달러 이상을 흑인 대학과 장애인 단체에 기부하는 선행을 베풀었다고 한다.

아버지의 신뢰

레이처럼 나도 나를 믿어준 아버지 덕분에 인생의 전환점을 갖게 되는 사건이 있었다. 때는 초등학교 3학년 겨울방학 날이었다. 3학년 때까지 나는 공부와 그리 친한 아이가 아니었다. 반면에 아버지는 어렸을 때부터 구구단과 한글을 직접 가르쳐주실 정도로 장남인 내게 큰 기대를 갖고 계셨다. 형편없는 성적표를 들고 집으로 향하는 동안 내 마음은 아버지의 질책과 매가 기다리고 있다는 사실에 내내 고통스러웠다. 집에 도착하자마자 아버지께서 '성적표는?' 하고 물으셨다. 나는 떨리는 손으로 아버지께 통지표를 내밀었고, 통지표를 읽어 내려가시는 아버지의 얼굴은 점점 어두워졌다. 그런데 그 순간 내 입에서 내가 한 번도 떠올리지 않았던 말이 튀어나왔다.

"아버지, 한 번만 봐주세요. 다음엔 정말 공부 열심히 할게요. 구, 구십 점 넘을게요."

아버지의 매가 너무 무서워서 무작정 튀어나온 말이었다. 그런데 이게 웬일이란 말인가. 아버지는 내가 상상하지 못했던 말을 하셨다.

"그래, 병일아. 내년엔 열심히 해서 꼭 구십 점 넘어라."

내 눈빛이 강렬하게 빛나서였을까, 두려움에 떠는 내 모습이 너무 딱해서였을까. 아버지는 나를 믿어주셨고 뜻밖에도 순간만 모면하자는 대책 없는 거짓말에 속아주셨다. 그것도 확신에 찬 눈빛을 보내시면서 말이다. 그래서 이번엔 내가 놀라고 말았다. 내심 아버지가 통지표를 보자마자 내 말을 묵살하고 냅다 후려 패실 거라고 생각했었다. 그런데 아버지는 그러지 않으셨을 뿐만 아니라 온화한 표정으로 웃으시며 나를 격려해주기까지 하셨다.

내가 약속을 지킬 수 있었을까? 그날 난 그동안 살아온 인생에서 아버지로부터 최고의 감동을 받았다. 그 이후 내 속에서 신기한 일이 일어나기 시작했다. 그 감동이 4학년 내내 내 안에서 사라지지 않았던 것이다. 솔직히 나는 4학년이 되어도 시험공부라는 건 한 적이 없었다. 그런데 한 가지 큰 변화가 있었다. 3학년 때까지는 수업시간에 떠들거나 장난을 하진 않았지만 주로 딴 생각을 하면서 흘려보냈었는데, 4학년부터는 선생님의 설명을 잘 듣게 되었고, 드디어 나는 1학기 말 시험에서 95점을 받고 우등상을 탔다.

우등상을 받던 날 이른 아침에 눈을 떠보니 어머니만 깨어 있었다. 나는 자랑을 감추려는 듯 은근한 목소리로 '엄마, 나 오늘 우등상 타' 라고 말했다. 크게 기뻐하신 어머니는 그날 저녁에 당시 아이들에게 큰 인기를 끌었던 만화잡지인 《어깨동무》를 사주셨다.

다시 95점을 받던 날로 돌아가 볼까? 처음에 받아든 시험지엔 85점이 적혀 있었다. 그때는 시험지를 짝이랑 바꿔서 채점을 했는데 내 짝이 채점을 두 개나 잘못한 거였다. 그런데 하필이면 내가 답을 고쳐 쓴 문제를 잘못 채점했던 것이다. 나는 곧장 담임선생님께 나가서 친구가 채점을 잘못했다고 말씀드렸다. 지금도 나는 4학년 때 담임선생님의 이름뿐만 아니라 얼굴까지 기억하고 있다. 사실 상황은 내게 그리 유리하지 않았다. 내가 틀리게 쓴 답을 고쳐서 가지고 나와서는 맞게 해달라고 떼를 쓰는 거라고 선생님이 판단하신다면 나는 어쩔 도리가 없었기 때문이다. 그러나 선생님은 내 얼굴을 보시더니 씨익 웃으시며 두 문제를 맞은 것으로 고쳐주셨다. 돌이켜보면 내가 4학년부터 수업시간에 잘 들을 수 있었던 것은 아버지와의 약속도 약속이었지만 늘 친절하게 웃으시며 재미있게 가르쳐주셨던 담임선생님 덕분이기도 했다. 나로 하여금 공부의 즐거움을 알게 해주신 분이었다.

아무튼 뜻밖의 아버지의 신뢰와 담임선생님의 배려로 수업시간 내내 망상 속에서 헤매며 성적이 밑바닥이었던 한 학생이 공부의 맛을 알게 되고 성적이 쑥쑥 올라서 이렇게 선생님까지 되었다. 이쯤 되면 신뢰가 한 사람의 인생을 변화시킬 수도 있는 위력을 갖고 있다고 말할 수 있겠다.

그럼 너에게도 허심탄회하게 얘기할 수 있는 기회를 한 번 줄게. 너는 나와 네 어머니가 너에 대해서 어떤 점을 믿어주었으면 좋겠니? 네가 스스로 게임하는 시간을 조절할 수 있는 능력이 있다는 걸 믿어주었으면 좋겠다고? 음, 그건 매우 어려운 문제인 것 같다. 우리 일단 영화를 한 편 더 보고 나서 다시 그 문제를 생각해보자.

맹목적인 믿음이 부른 파멸

영화 〈초록물고기〉는 우연찮은 인연으로 조직에 들어간 순박한 청년이 조직의 보스에게 충성을 다하다가 죽음에 이르는 이야기를 담고 있다. 막동은 제대한 날 기차에서 우연히 만난 미애라는 여자로 인해 태곤이 두목으로 있는 조직에 들어가게 된다. 막동을 처음 본 날 태곤은 꿈이 뭐냐고 물었다. 그리고는 우물쭈물하는 막동에게 젊은 놈이 왜 그렇게 패기가 없냐고 혼을 냈다. 나중에 막동은 온 가족이 식당을 하며 행복하게 사는 게 꿈이라고 말을 했지만, 막동을 조직으로 이끈 것은 그의 꿈이 아니라 그의 욕망이었다. 돈 많이 벌어서 폼 나게 살아보는 것. 그의 욕망과 꿈은 같은 것이었을까, 다른 것이었을까? 그의 꿈은 겉으로 포장된 것에 불과했고 그의 욕망이 그의 실체였다는 것을 영화는 차분하게 보여준다.

막동은 보스인 태곤을 털끝만큼의 의심 없이 믿었지만, 태곤은 막동의 그 믿음을 이용하여 상대 조직의 보스를 죽이게 하고 막동조차 죽여버렸다. 막동이의 믿음에는 분명 문제가 있었다는 생각이 들지? 그럼 그의 믿음에 어떤 문제가 있었는지 생각해보자. 막동은 보이는 대로 믿지 않았고, 믿고 싶은 대로 봤다. 그는 과연 배태곤이 어떤 사람인지 알 수 없었을까? 뒷골목의 생양아치가 조직의 두목이 되기까지 어떤 과정을 거쳐야 했을지 생각은 해봤을까? 불법과 폭력이 지배하는 세계에서 살아남기 위해, 또 위에 있는 사람들을 짓밟고 올라가기 위해 수많은 사람들의 뒤통수를 치지 않을 수 없었을 거라는 것을 생각하지 못했을까?

무릇 믿음은 보이는 그대로의 믿음이어야 한다. 믿고 싶은 대로 믿는 믿음이어서는 안 된다. 그런 믿음은 누구의 말이든지 다 믿어버리는 미숙한 아이들이나 하는 짓이다. 보이는 그대로의 믿음에서도 한 발 더 나아가야 한다. 보이지 않는 이면까지 들춰서 숨어 있는 진실을 헤아릴 수 있어야 하는 것이다. 실제로 그건 그리 어려운 일이 아니다. 보려고 마음만 먹으면 볼 수 있다. 눈을 똑바로 뜨고 보면 볼 수 있기 때문이다. 막동이는 겉으로 드러난 모습의 이면을 보려고 하지 않았다. 말 속에 숨어 있는 뜻을 헤아려보려고 하지도 않았다. 태곤은 막동이를 조직의 식구로 받아들이면서 '나는 내 식구는 끝까지 책임진다'고 말했다. 그 말은 자기를 믿고 무조건 복종하라는 말이었다. 뒤집어보면 끝까지 책임진다는 믿음을 심어주고 싶었던 것이다. 끝까지 책임질 만큼 아랫사람을 아끼는 사람이라면 책임지겠다는 말을 그토록 강조할 필요가 없지 않았을까? 그 말은 조직의 세계라는 게 믿음과 신의가 바탕에 깔린 세계가 아니라 배신과 약육강식이 지배하는 세계라는 것을 반증하는 말이기도 했다.

막동이의 모습을 보면서 어떤 생각이 들었니? 너무 안타깝고 속상했다고? 그래, 막동이가 '조금만 태곤을 덜 믿었더라면', '조금만 그를 의심했더라면' 하는 안타까운 생각이 자꾸 떠오르지?

똑같이 사람을 향한 믿음이었는데 영화 〈레이〉와 〈초록 물고기〉에서 아주 상반된 결과를 낳았다. 이처럼 극명한 차이가 나는 것을 보면 믿음이라는 게 양날의 칼이라는 생각이 들지 않니?

오직 믿을 수밖에 없는 존재

우리는 무엇을 알고 있을까? 우리는 태어날 때 어디서 왔을까? 우리는 죽으면 어디로 갈까? 우리는 왜 이 세상에 존재할까? 넌 이런 문제들에 대한 답을 알고 있니? 알 수가 없을 거야. 나도 모르고 너도 모르고 아무도 모른다. 우리는 그저 믿고 있는 것이다. 내가 어디서 왔다고 믿고 있는 것이고 내가 누구라고 믿고 있는 것이고 내가 어디로 갈 거라고 믿고 있는 것이다. 기독교인들은 하나님께로 돌아간다고 믿고 불교도들은 윤회를 거듭한다고 믿고 도교인들은 자연으로 돌아간다고 믿고 있다.

'오직 믿을 수밖에 없는 존재', 이것이 있는 그대로 우리의 모습이다. 왜냐하면 우리는 알 수가 없는 존재니까. 그렇기 때문에 믿음이 그토록 힘이 센 것일 게다. 그런 면에서 '믿음은 다이너마이트'라고 말할 수 있다. 다이너마이트는 잘 사용하면 낡은 건물을 폭파하거나 터널을 뚫는 등 사람들에게 큰 혜택을 누리게 하는 은인이 되지만, 잘못 사용하면 전쟁과 테러에 이용되어 엄청난 인명을 살상하는 무기가 된다. 믿음 역시 마찬가지다. 레이의 어머니처럼 지혜롭고 올바른 믿음은 사람들의 영혼을 살리고 인생을 구하지만, 막둥이처럼 어리석고 맹목적인 믿음은 자신을 불행하게 만들 뿐 아니라 가족과 이웃까지 고통 속에 빠지게 만들어버린다.

지금도 지구상의 많은 나라에서 그릇된 신념 때문에 무수한 전쟁이 벌어지고 수많은 사람들이 테러와 굶주림 속에서 죽어간다. 우리가 사랑하는 가족이나 친구들과 싸우는 것도 서로의 믿음이 부딪쳐서 빚어지는 일이 대부분이다. 지금 우리 사회에서 서로 싸우는 정치가 들이나 세계 곳곳에서 민족 간의 전쟁을 일으키는 지도자라는 사람들은 하나같이 자기들의 믿음이 옳다고 생각한다. 그렇다면 무엇이 옳은 믿음이고, 무엇이 그릇된 믿음일까?

다시 최초의 질문으로 돌아가 보자. 내가 누구인가, 어디서 왔는가, 어디로 가는가? 모르겠다. 그래, '모른다'가 정답이다. 불교의 선사들은 바로 그 '모르는 마음'이 참된 마음이고 참된 자신이라고 가르친다. 그렇다면 '모르는 마음'은 어떤 마음일까? 그걸 정말 모르겠다고? 너무 어려워서 내가 무슨 말을 하는지 도무지 감이 안 잡힌다고? 이거 야단났구나. 다음엔 좀 더 어려운 얘기를 해야 하는데 말이다.

16

영혼의
거울

아무리 생각해도 '모르는 마음'은 모를 것 같다고? 이게 가장 중요한 이야긴데 미리 그렇게 자신감을 잃으면 어떻게 하니? 그래도 모르는 마음인데 모르는 게 당연하지 어떻게 알 수 있겠냐고? 그래서 여기 다락방에 거울이 있는 거란다. 이 거울을 한 번 들여다볼래? 지금까지 들었던 말로도 머리가 너무 복잡해서 더 이상 골치 아프기도 싫고 거울도 보기 싫다고?

음, 그럼 이렇게 생각해야겠다. 네가 아직 철학적인 이야기를 소화할 수 있을 만큼 충분히 자라지 못했기 때문이라고. 네가 더 큰 다음에 다시 올라와야 할 것 같다. 그럼 여기서 그만 다락방을 내려갈까? 꼭 내려가고 싶다는 말은 아니었다고? 이왕 올라왔으니까 어려워도 끝까지 들어보기는 하겠다고?

자, 그럼 거기서 거울을 잘 봐라. 내가 이렇게 서면 뭐가 보이니?

그래, '나' 가 보이지? 이렇게 나오면? '나' 가 안 보이고. 모르는 마음은 이런 거울 같은 마음인 셈이다. 거울처럼 세상을 있는 그대로 비춰서 보여준다. 그게 뭐가 어떻다는 건지 모르겠다고? 음, 역시 철학을 가르치는 일은 어렵구나. 만약에 이 거울에 먼지가 잔뜩 끼어 있다면 내 모습이 어떻게 보이겠니? 잘 안 보이겠지. 또는 이 거울이 울퉁불퉁하다면 내가 어떻게 보이겠니? 당연히 막 찌그러져 보일 것이다.

　마음의 거울을 어떻게 보여줄 수 있을까? 그래 몸의 안경으로 비유하면 되겠다. 불교의 선사들이나 동서양의 현자들은 사람들이 먼지가 잔뜩 끼어 있고 왕창 찌그러진 안경을 끼고 세상을 보고 있다고들 말한다. 우리가 뿌옇게 흐린 안경을 끼고 세상을 보게 되는 건 바로 '생각' 때문이다.

아는 것으로부터의 자유

크리슈나무르티는 '아는 것' 으로부터 자유로워져야 한다고 말했다. 또 소크라테스는 '너 자신을 알라' 고 말했다. 누군가 소크라테스에게 '그러는 당신은 자신을 아느냐?' 고 물었을 때, 그는 '나는 내가 모른다는 것을 안다' 고 대답했다. 소크라테스는 날마다 아테네 광장에서 '가장 현명한 사람은 자신이 아무 것도 모른다는 것을 아는 사람' 이라고 설파했다. '자신이 근본적으로 아주 적은 것만을 알고 있다' 는 것을 정확히 알고 있는 사람은 매순간 참되게 알기 위해서 애쓰게 된다. 바로 그렇게 낮아진 마음으로만 참된 지혜가 깃들기 때문이다.

　불교의 선사들은 '모르는 마음이 참된 자기이다' 라고 가르친다는 말은 이미 했지? 이 가르침들은 모두 생각으로 인한 마음의 집착을 경계하는 말들이다. 안다는 생각이야말로 있는 그대로의 상황을 볼 수 없게 만드는 장애물이고, 마음의 거울에 덕지덕지 낀 먼지다.

마땅히 할 일도 제대로 하지 못하는 사람에게 '아무 생각이 없다'고 비난할 때가 있다. 그런데 이건 조금 틀린 말인 것 같다. 아무 생각이 없을 때, 그러니까 생각이 비워졌을 때는 우리의 마음이 '있는 그대로의 세상'을 볼 수 있게 된다. 또한 그 상황에 맞는 올바른 생각을 할 수 있다. 어떤 사람이 옳지 못한 일을 하거나 어이없는 행동을 할 때, '무슨 생각해?'라고 묻는다. 나는 그게 맞는 표현이라고 생각한다. 그 사람은 아무 생각이 없는 게 아니라 어떤 생각에 사로잡혀 있는 것이다. 어떤 생각에 집착하고 있을 때는 생각이 막히게 된다. 따라서 상황에 맞는 올바른 생각이 나올 수가 없다. 그래서 순간순간 생각을 내려놓는 일이 중요하다. 생각을 바로바로 비워내서 마음을 깨끗하게 청소된 방처럼 만드는 일 말이다.

'생각'에 대한 깨달음

여기 '모든 것은 생각이 만들어내는 것'이라는 걸 크게 깨달은 스님의 이야기가 있다. 그는 다름 아닌 원효대사인데 너도 들어본 적이 있을 거다. 젊은 시절 원효는 큰 결심을 하고 의상과 함께 중국의 위대한 스승에게 가르침을 받기 위해 길을 떠났다. 어느 날 밤 늦은 시간에 잠잘 곳이 없었던 원효와 의상은 어두운 동굴 속으로 들어가서 잠을 청했다. 잠을 자던 원효는 극심한 갈증을 느끼고 한밤중에 잠을 깼다. 오직 목마르다는 생각밖에 없었던 원효는 마침 머리맡에 있던 바가지에 물이 있는 것을 발견하고 벌컥벌컥 들이킨 후에 다시 잠이 들었다. 너무나 목이 말랐던 원효에게 그 물은 생애 가장 맛있고 시원했다. 그러나 다음 날 아침, 잠에서 깬 원효는 기절할 정도로 놀란다. 간밤에 자신이 먹었던 물이 해골바가지 속에서 뼈와 살이 썩은 물이었기 때문이다. 원효는 지체 없이 동굴 밖으로 뛰쳐나가 모든 것을 게워내야만 했다. 그런데 뱃속에 있던 것들을 토하던 그 순간, 원효는 큰 깨달음을 얻는다. 본래 더러운 것도 없고 깨끗한 것도 없다는 것을 깨닫게 되었던 것이다. 그것은 단지 '자신의 생각이 만들어내는 것'이었다는 것을 통찰한 원효는 중국으로 가던 발길을 돌리고 신라로 돌아왔다. 더 이상 스승의 가르침이 필요하지 않았기 때문이다. 이후 원효는 우리나라 최고의 불교사상가이자 사회지도자가 된다.

원효가 눈으로 해골을 보지 못했을 때는 더럽다는 생각이 들어오지 않았다. 눈으로 보게 되자 뼈와 살이 썩고 있던 모습이 즉시 원효에게 생각을 만들어내게 했던 것이다. 해골 썩은 물이라는 생각이 들자 원효의 마음은 참을 수 없이 역겨워졌고, 자신의 뱃속에서 잘 지내고 있던 물들이 돌연 요동을 쳐서 모든 걸 토해내야만 했다.

나도 대학 1학년 때 원효가 먹었던 물의 맛이 어땠을지 조금은 알 수 있는 경험을 했다. 대학에 입학한 후 나는 고교 때부터 선망하던 농구부원이 됐는데, 꼴찌 팀이긴 했어도 선수는 선수였던지라 훈련이 꽤나 힘들었다. 훈련 중 휴식시간이 될 때마다 나는 화장실로 뛰어가서 아무 망설임도 없이 수도를 틀고는 허드레 물로나 쓰는 그 물을 벌컥거리며 들이마셨다. 나 역시 원효처럼 오직 목마를 뿐이었기 때문에 물맛이 그렇게 시원하고 달콤할 수 없었다. 그러나 2학년이 되어 농구부를 그만 둔 후부터 나는 결코 화장실 물을 마시지 않았다. 이

물은 화장실에서 걸레나 빠는 데 쓰는 물이라는 생각이 들어왔고, 농구훈련을 할 때처럼 그런 생각을 잊게 해줄 만큼 목이 마른 적이 없었기 때문이다.

'생각'의 오류

십여 년 전 처음 담임을 맡았던 때의 경험은 내게 생각으로 인한 착각과 오류를 극명하게 가르쳐주었다. 모든 선생님들이 그렇듯 나도 첫 담임을 맡았을 때 의욕과 열정이 넘쳤다. 그리고 그 지나친 의욕이 말썽이었다.

내가 맡은 1학년 5반은 55명의 남학생들이었는데 초등학교 때 반장을 해본 아이가 태정이와 종민이 두 명이 있었다. 임시반장을 시켜보니 태정이가 싹싹하고 눈치도 빠를 뿐 아니라 시키는 일도 똑 부러지게 해냈다. 난 속으로 쾌재를 부르며 '음, 이 녀석이 반장감이다' 라고 생각을 굳혔다. 반면 전교 1등으로 입학했던 종민이는 옆자리 친구와 떠들기도 하고 장난을 곧잘 칠 뿐 아니라 내가 말을 할 때도 실실거리며 웃기를 잘 했다. 난 속으로 '이 녀석은 눈치도 없고 공부 좀 한다고 건방이나 떠는 녀석이니 절대 반장이 되면 안 된다' 고 결론을 내렸다.

일주일 뒤 학급자치활동 시간에 바로 회장선거를 실시했다. 다행히 사뭇 진지하게 소견발표를 했던 태정이가 여전히 웃음을 흘리며 발표했던 종민이를 제치고 학급회장이 됐다. 그런데 다음 날 교감선생님이 심각한 얼굴로 나를 부르시는 거였다. 반장선거가 일주일 뒤였는데 내가 급한 마음에 착각을 하고 한 주 일찍 선거를 했기 때문이었다. 교감선생님은 전날 흥분한 종민 어머니의 전화를 받고 우리 반이 반장선거를 했다는 사실을 알게 되었다. 교감선생님은 내게 학부모가 심하게 항의를 하니 일주일 뒤에 반장선거를 다시 하는 게 좋겠다고 조심스럽게 말씀하셨지만, 난 시기만 빨랐을 뿐 문제가 없다고 생각했기에 의견을 받아들이지 않았다. 이후 태정이는 내 예상대로 반장으로서의 역할을 훌륭하게 해냈다.

그런데 며칠 후 뜻밖에도 종민 어머니가 나를 찾아왔다. 종민 어머니는 오해했던 일들을 미소를 지으며 사과했는데, 난 그분이 뭘 오해했는지 나중에야 알게 됐다. 꽤 많은 시간 동안 얘기를 나누다가 다른 선생님들이 모두 퇴근을 하게 되자, 종민 어머니가 지갑에서 두툼한 봉투를 꺼내는 거였다. 내가 거절을 하자 종민 어머니는 내 책상 서랍 속에 봉투를 집어넣고 나가려고 했다. 끝끝내 봉투를 돌려보낸 후에야 나는 종민 어머니가 왜 학교에 그토록 심하게 항의를 했는지 이해하게 됐다. 그분은 태정이 부모님이 먼저 찾아와 내게 촌지를 주었기 때문에 내가 서둘러서 태정이를 반장으로 뽑은 거라고 '생각' 했던 모양이다.

그러다 시간이 흘러 2학기가 되었고 이번엔 종민이가 반장이 됐다. 그때는 나도 한 학기 동안 종민이의 모습을 보고 난 후였고, 종민이가 남은 아이들 중에는 가장 낫다는 생각 정도를 하고 있었다. 그런데 반장이 된 종민이는 나의 예상을 여지없이 무너뜨려버렸다. 나는 똑똑하면서도 친구들에게 인상 한 번 쓰는 법이 없이 반을 이끌어가는 종민이의 모습에 점점 매력을 느끼게 됐다. 내가 종민이를 처음 보고 갖게 된 '생각' 은 터무니없는 오해이자 착각이었다. 종민이는 수업시간이라도 자신에게 말을 걸어오는 친구에게 대답을 해준 거였고, 친구가 웃으면 같이 웃어주었던 것이다. 종민이에게 점점 반하게 된 나는 종업식 날 녀석과 헤어지는 게 너무도 아쉬워서 안아주기까지 했다. 종민이의 마음이야말로 '어린아이 같은 마음'이었고, 있는 그대로 세상을 비추는 '거울 같은 마음'이었다.

그럼 태정이는 어떻게 됐을까? 태정이는 2학년 때도 나와 같은 반이 되어 1학기 반장이 됐다. 태정이의 얼굴이 점점 어두워지는 걸 보면서 이상하게 생각하던 그 봄 태정이는 아무도 상상하지 못했던 사고를 치고 말았다. 3월 말부터 교무실에서 선생님들이 무심하게 책꽂이에 꽂아두었던 돈 봉투 몇 개가 없어지더니 화장실에 선생님들을 욕하는 낙서가 생기기 시작했다. 그러다 범인은 더욱 대담해져서 선생님들 책상 위 유리까지 낙서를 하게 되자 학교가 발칵 뒤집히고 말았다.

선생님들은 범인은 문제아가 아닐 거라는 생각을 점점 하게 됐다. 교무실에 자주 드나드는 학생들 중 한 명이 저지르는 짓이라는 결론에 도달하기는 했지만, 도대체 어떤 녀석이 그랬는지는 알 길이 없었다. 그런 파렴치한 행동을 한 범인이 언제나 예의바르고 싹싹했던 태정이일 거라고 누가 생각할 수 있었겠는가? 몇 주 후에 전학을 가게 되어 있었던 태정이는 점점 대담해져서 내 옆자리의 선생님 책상 위에 낙서를 남겼고, 결국 그게 결정적인 증거가 되어 들통이 나고 말았다. 나는 처음에 눈에 익은 글씨를 보고 반 아이들 중에 말썽꾸러기들의 노트와 비교를 했다. 그러나 계속 범인을 찾지 못하던 어느 날, 내 심부름으로 아이들 이름을 적어온 태정이의 글씨가 눈에 확 들어오면서 그동안의 모든 일들이 밝혀지게 되었다.

그때 나는 심한 배신감으로 태정이의 엉덩이를 때리기도 많이 때렸다. 태정이는 늘 예의바르고 깍듯했지만 마음속으로는 어른들을 두려워하는 마음이 있었던 것이다. 그 아이는 어른들 마음에 쏙 드는 행동을 하느라고 스스로의 마음을 잠시도 쉬게 하지 못했다. 태정이는 어느덧 어린아이의 마음을 잃어버렸고 어른들의 마음을 흉내내느라 지칠 대로 지쳐버렸던 것이다. 감당할 수 없는 억압 속에서 탈출구를 찾아야만 했던 태정이는 곧 전학을 갈 거라는 걸 믿고 될 대로 되라는 심정으로 선생님들을 향한 온갖 욕을 쓰면서 쾌감을 느꼈다. 그리고 그보다 더 큰 죄책감과 수치심을 느꼈기 때문에 얼굴이 늘 어두웠던 거였다.

태정이가 보여주었던 어둡고 위험한 모습을 심리학자 융은 그림자(shadow)라고 불렀다. 그림자는 누구나 무의식 속에 갖고 있는 인격의 어두운 속성을 뜻한다. 태정이는 한순간의 방심으로 그림자를 풀어주었던 것이고, 어느새 그의 그림자는 화장실 벽으로 선생님들 책상 위로 음란한 욕을 써갈기며 활개치고 다녔던 것이다. 무의식 속의 그림자를 적절히 제어하지 못하면 태정이처럼 그림자의 지배를 받게 되고, 지나치게 억누르면 위선적인 도덕주의자가 되어 분노나 공격적인 투사로 터져나온다.

사건이 밝혀지고 두 주 후 다른 학군으로 전학을 갔던 태정이는 다음 해 졸업식을 앞둔 어느 날 나를 찾아왔다. 워낙 부지런하고 명석했던 태정이는 한때의 실수를 크게 뉘우치고 생활을 충실히 하여 몸과 마음이 훌쩍 성숙한 모습으로 나와 얘기를 주고받다가 돌아갔다.

그때 더 반듯해지고 의젓해진 태정이의 모습을 본 내 마음은 더없이 기쁘고 훈훈해졌다.

나도 니들을 내 마음 속으로 던졌을 뿐이야

영화 〈달마야, 놀자〉에는 조폭들이 피신하기 위해 찾아간 절의 큰 스님이 나온다. 그 큰 스님은 '마음을 내려놓은' 사람의 모습을 잘 보여준다.

어느 날 피투성이가 된 조폭 다섯 명이 깊은 산중에 있는 절에 들이닥쳐서 머무르게 해달라고 행패를 부렸다. 큰 스님은 피 묻은 옷을 입고 있는 재규에게 두려움보다는 연민을 느꼈다. 결국 큰 스님은 절의 규칙을 잘 지킨다는 조건으로 조폭들이 일주일 동안 절에서 지내는 걸 허락해주었다.

일주일이 지난 후 스님들과 조폭들이 '떠나라', '못 떠난다' 하며 실랑이를 벌이자 큰스님은 '10분 안에 밑 빠진 독에 물을 가득 채우기' 문제를 푸는 쪽의 뜻대로 하겠다고 말씀하셨다. 재규 일당은 뚱뚱한 불곰의 배 위에 독을 엎어놓고 연신 물을 퍼부었지만 도무지 '가득' 채울 수가 없었다. 계속 물이 빠져나갔기 때문이다. 스님들 역시 청명 스님이 독 속에 들어가 '마음은 곧 물이요. 몸 또한 마음과 다르지 않으니, 독 안에 든 저희의 몸은 깨끗한 물과 다르지 않습니다' 라고 말했지만 큰 스님으로부터 틀렸다는 대답만을 들었다. 종료 1분 전에 갑자기 해답을 찾아낸 재규는 독을 들고 뛰어가 연못에 던져서 물속에 잠기게 했다. 그러자 밑 빠진 독 속에 물이 가득 차게 되었다.

일주일 동안 더 있게 됐지만 계속 말썽만 일으키던 재규 일당은

절을 돕는답시고 청소를 하다가 불상의 귀를 부순다. 이 사실을 안 스님들이 노발대발하며 큰 스님에게 고자질을 했지만, 큰 스님은 오히려 '너희가 여태껏 나무토막을 섬겼느냐? 너희 마음속에 부처가 있거늘 부처 귀 하나 떨어진 것 가지고 왜 이렇게 호들갑이냐?'고 크게 꾸짖었다. 한편 크게 혼날 줄 알았던 재규는 자비를 베푸는 큰 스님께 '왜 계속 저희들을 감싸주시느냐?'고 물었다. 그러자 큰 스님이 이렇게 되물었다.

"너는 밑 빠진 독에 물을 퍼부을 때 어떤 생각을 하고 채웠느냐?"

"그냥 항아리를 물속에다가 던졌습니다."

"나도 밑 빠진 너희들을 그냥 내 마음 속에 던졌을 뿐이야."

얼마 후 큰 스님은 좌선을 하던 자세로 입적하셨다. 죽을 날이 얼마 남지 않았을 때 '건강은 어떠시냐?'고 묻는 여승에게 큰 스님은 이렇게 말씀하셨다.

"그까짓 몸뚱아리야 아무려면 어때? 이만큼 살았으면 됐지."

불교에서는 삶과 죽음을 생각하기 때문에 삶과 죽음이 있는 것이라고 가르친다. 본래 삶과 죽음은 하나인데 생각 때문에 다른 것이 된다는 뜻이다. 큰 스님은 '삶도 죽음도 생각하지 않으면 그것은 같은 것이다'라는 불교의 가르침을 그대로 보여주었다.

생각은 부조리하다

생각을 한다는 건 생각으로 흐려진 안경을 끼고 있는 것과 같다고 말했지? 우리가 그동안 살펴봤던 서운함, 미움, 투사 등 마음을 괴롭게 만드는 갈등들은 모두 생각이라는 녀석이 만들어내는 것이다. 생각을 끊어낼 수 있다면, 생각을 멈출 수 있다면, 생각이 비어 있는 상태가 될 수 있다면 마음은 깨끗한 거울과 같이 된다. 거울 같은 마음이란 사람이 오면 그대로 사람을 비추고, 사물이 오면 그대로 사물을 비췄다가 그들이 떠나면 빈 거울처럼 다시 깨끗해지는 마음이다. 생각이나 감정이 아무 것도 남지 않는 것이다. 그러나 생각이 남게 되면 상대방의 말이나 행동을 되새기면서 서운함이라는 감정이 생기게도 되고, 내 속에 있는 부정적인 모습을 그에게 투사시켜서 그를 미워하게도 된다. 생각은 비교를 만들고 열등감과 우월감을 만들며 자아를 끊임없이 괴롭히는 놈이다. 모든 것이 생각이 만들어내는 요술인 것이다.

이러한 생각의 부조리함을 멋지게 설명해준 심리학자가 20세기 미국에서 나타났다. 1957년에 '인지 부조화 이론'으로 미국 심리학회를 강타했던 레온 페스팅거라는 사람이다. 심리학은 불교와 많은 유사성이 있는데, '영혼에 대한 탐구'라는 관점에서 본다면 동양이 서양보다 한참 앞서 있다고 말할 수 있다. 붓다는 이미 2,500년 전에 '세상의 모든 것이 마음으로 만들어진 것이다'라는 것을 깨닫고 그 마음 때문에 고통받던 중생들에게 가르침을 전했는데, 서양에서는 19세기에 프로이트가 무의식에 대해 통찰하면서 심리학이 태동되었으니까 말이다.

페스팅거는 어려운 말로 자기의 이론을 이렇게 설명했다.

"인간은 자신의 마음속에서 함께 공존하기 어려운 생각들이 싸움을 하게 될 때, 자신의 생각에 따라 행동을 바꾸기보다는 자신의 행동에 따라 생각을 바꾼다."

여기서 생각을 바꾼다는 것은 억지로 합리화한다는 것을 뜻한다.

쉽게 예를 들면 별로 마음에 들지 않던 남학생과 사귀게 된 여학생이 생각을 바꾸는 경우를 들 수 있다. 평소에 친구들에게 순오에 대해서 키가 작고 무뚝뚝해서 싫다고 말했던 은주는, 그래도 반에서 괜찮은 남자였던 순오로부터 사귀자는 문자를 받자 좋다고 대답했다. 자신의 생각과 다른 선택을 했던 은주는 그 이후 공존할 수 없는 두 개의 생각으로 스트레스를 받는다. 이렇게 되자 '순오는 키가 작고 무뚝뚝해서 싫다'는 생각과 '그래도 괜찮은 남자니까 사귀자'는 생각은 은주의 마음속에서 공존할 수 없게 되었다. 얼마 후 은주는 친구들에게 순오가 머리도 좋고 믿음직스럽다며 칭찬을 늘어놓았다. 은주는 자신의 생각에 따라서 행동을 바꾼 것이 아니라 행동에 따라서 생각을 합리화해버렸다. 이때 은주는 자신의 태도와 일치하는 정보에만 관심을 기울였고, 이미 선택한 것을 의심하게 하는 정보들은 무시해버리는 인지적 왜곡과 부조리에 빠졌다. 이 실험은 인간의 생각이 본질적으로 이성적인 것이 아니라, 부조리하게 합리화하는 것이라는 사실을 증명해주었다. 생각이란 비겁한 녀석이라는 것을 말이다.

자, 그런데 문제는 그 생각이라는 놈을 어떻게 끊어낼 수 있느냐는 것이다. 나의 경우엔 웃음이 하나의 열쇠가 됐다. 나는 깨끗한 마음을 갖기 위해 시도 때도 없이 웃는 연습을 했다. 시간이 날 때마다 숨을 깊이 들이마신 후에 오래 내쉬며 웃었다. 그러는 동안 나는 마음이 웃음의 에너지로 가득 채워지면 그 속으로 투사나 서운함이나 도피나 미움 같은 감정들이 찾아들지 못한다는 것을 알게 됐다. 자주 더 많이 웃을수록 마음이 더욱 긍정적으로 변했다.

물론 아직도 가야 할 길이 많이 남아 있다. 부정적이다, 긍정적이

다라는 생각조차 아주 사라져야 조건 없이 사랑할 수 있고, 순간순간이 기쁨으로 빛날 수 있고, 어떤 상황에서도 평화로운 마음을 지닐 수 있으니까 말이다. 그런 경지에 올라섰을 때 비로소 영혼의 성장을 이루었다고 할 수 있다.

이제 다락방을 내려갈 때가 된 것 같다. 내면의 어두운 골방과 가슴의 사랑방, 그리고 영혼의 다락방까지 너와 함께 여행을 하는 동안 오히려 내가 배운 게 더 많았던 것 같다. 나는 뜻 깊고 소중한 여행이었다고 생각되는데 너는 어땠니? 아버지한테 좋은 이야기는 무척 많이 들은 것 같은데 어떻게 실천할 수 있을지 걱정된다고? 그래, 바로 그 '걱정되는 마음'이 소중한 거라고 나는 생각한다. '걱정되는 마음'은 '모르는 마음'과 아주 가까운 마음이 아닐까? 반면에 이제 됐다고, 이제 충분하다고 '안심하는 마음'은 '아는 마음'과 가까운 마음이고, '희뿌연 거울 같은 마음'과 가까운 마음이다.

이제 여행을 마칠 시간이다. 우리 그렇게 걱정되는 마음, 모르는 마음을 간직한 채 다락방을 내려가기로 하자. 그리고 앞으로는 각자의 다락방에 더 자주 올라오기로 하자. 누구보다도 자신의 영혼에게 친절한 사람이 되자꾸나.

오직 하는 마음

오직 할 뿐

'모르는 마음', 곧 '생각을 내려놓은 마음'이 쉽게 빠질 수 있는 함정이 있다. 그건 바로 '의미 없음'이라는 함정이다. 선한 것과 악한 것, 좋은 것과 나쁜 것, 가치 있는 것과 가치 없는 것, 이런 판단들을 내려놓는다는 것은 쉽게 '아무 것도 중요한 것이 없다'는 생각으로 변질될 수 있다. 그러다 보면 어느새 현실을 회피하는 수단으로 전락할 수가 있다.

그러니까 '모르는 마음'의 뒷면은 '회피하는 마음'이다. 깨어 있지 못하고 깜빡 잠들어버리면 그 '생각을 내려놓은 마음'이 살짝 뒤집히기만 해도 '현실을 회피하는 마음'으로 바뀌게 된다. 그건 영화 〈올드보이〉의 오대수처럼 '오늘만 대충 수습하면서 사는 인생'과 다를 게 없다.

'생각을 내려놓은 마음'은 '오직 하는 마음'으로 나아가야 한다. 결과가 어떠하든지 오직 할 뿐이고, 자신의 욕망이나 기대 없이 오직 할 뿐이고, 어떤 장애와 어려움이 있어도 오직 할 뿐인 마음이다. 그래서 오직 한 후에 결과가 나빠도 실망이나 미련이 없는 마음이고, 결과가 좋아도 우쭐함이나 자랑이 없는 마음이다.

실제로 영화 속에서 누군가의 마음을 감동시켜서 그의 존재를 변화시키고, 불가능에 가까웠던 기적을 이루어 사람들을 크게 돕는 인물들은 '오직 하는 마음'을 끝까지 지켰던 사람들이다. 예를 들면 〈굿 윌 헌팅〉의 숀 교수가 그런 인물이다.

네 잘못이 아니다

〈굿 윌 헌팅〉은 천재적인 두뇌를 갖고 태어났지만 막노동을 하며 살아가던 청년 윌이 상처받은 영혼을 치유해가는 과정을 감동적으로 그린 영화다. 폭력 전과가 있을 정도로 거칠게 살아가던 윌은 어느 날 대학 건물을 청소하다가 램보 교수가 복도 칠판에 낸 고난이도의 수학문제를 쉽게 풀어버린 일로 램보의 주목을 받는다. 그 인연으로 윌은 여러 심리치료학자들에게 정신상담을 받게 된다. 하지만 몇 번이나 입양됐다가 학대를 받고 강제로 쫓겨나는 삶을 살아왔던 윌을 감당할 수 있는 심리학자들은 없었다. 모두 첫 만남에서 두 손 들고 포기해버렸다.

그러나 온갖 독설과 조롱으로 교수들을 물리쳤던 윌도 램보의 친구인 숀 교수를 포기시키지는 못한다. 윌은 이번에도 머릿속에 있는 온갖 지식으로 숀에게 모욕감을 주려고 했다. 숀의 책장을 보며, 읽은 책들이 한심하다거나 숀이 그린 그림이 형편없다고 조롱할 때만 해도 그의 작전은 먹혀들지 않는 듯했다. 그러나 월이 숀에게 결혼을 잘못했다는 말을 하자, 숀도 화가 나서 '말조심 하라'고 경고를 했다. 숀의 약점을 발견했다고 판단한 월이 '부인이 딴 남자랑 눈이 맞아서 도망갔냐?'며 집요하게 물고 늘어지던 순간, 숀은 월의 멱살을 꽉 잡으며 '다시 내 아내를 모욕했다간 가만히 놔두지 않겠다'고 엄하게 경고했다. 숀이 다른 교수들과 달랐던 것은 월이 잘못한 일에 대해서 확실하게 화를 냈다는 사실이다. 오직 화를 낼 뿐이었다. 물론 화가 날 때마다 화를 터뜨리는 건 상대방에게뿐만 아니라 자신의 건강에도 매우 해로운 일이다. 그러나 상대방의 분명한 고의로 모욕을 당할 때는 숀처럼 화를 제대로 내야 할 필요도 있다. 숀 교수가 화를 내는 모습을 보고 월은 이번에도 포기시켰다고 생각하며 자리를 떠났지만, 숀은 램보에게 다음 주에도 월을 보내라고 말했다.

다른 심리학 교수들은 월의 위악적인 모습을 보고 포기를 선택했지만, 숀은 '오직 할 뿐'의 마음으로 월을 도왔다. 오직 도울 뿐이었던 것이다. 다음 만남에서 월을 호수로 데려간 숀은 월이 이전에 한 번도 들어본 적이 없던 말을 들려준다. '너는 많은 책을 읽고 무수한 지식을 갖고 있지만 모두 껍데기에 불과하다. 너는 그림 한 장을 보고 암으로 아내를 잃은 내 삶을 잔인하게 난도질했다. 너는 다른 사람을 자신보다 더 사랑한 적이 없기 때문에 진정한 상실감에 대해서 알지 못한다. 너는 오만에 가득 찬 겁쟁이 어린애일 뿐이다. 넌 고아다. 하지만 내가 『올리버 트위스트』라는 고아가 나오는 소설을 읽는다고 해도 너를 다 이해할 수는 없다. 네가 네 자신에 대해서 말하면 나도 네게 관심을 갖고 대해주겠다.' 숀의 말을 듣는 동안 윌은 내내 침묵에 잠겨 있었다. 숀을 통해 생애 최초로 자신의 본래 모습을 대면했기 때문이었다.

다음 만남에서 윌은 한 시간 내내 말없이 앉아 있었다. 숀은 그런 윌을 가만히 내버려두었다. 상담 후에 램보가 왜 그랬느냐고 따지자 숀은 그것도 상담이었다고 대답했다. 그 말은 사실이었다. 윌은 한 시간 동안 낯선 자신, 껍데기로 꼭꼭 숨겨두었던 자신의 자아를 뜨악하게 들여다보았던 것이다. 이후 윌은 자신의 관심사인 여자 친구 얘기를 꺼내면서 숀에게 차츰 마음을 열게 된다.

숀은 윌이 왜 다른 사람들이 자신을 떠나기 전에 자기가 먼저 떠나버리는지 이해하고 있었다. 그건 바로 자신이 사랑했던 사람들로부터 버림을 받았던 경험 때문이었다. 극심한 두려움을 피하기 위한 방어기제였던 것이다. 숀은 마지막 만남에서 윌의 상처를 도려내기 위한 메스를 들이대기로 마음먹는다. 숀은 첫 번째 양아버지가 렌치로 자신을 폭행했다는 말을 담담하게 하는 윌에게 '네 탓이 아니야'라고 말한다. 윌은 안다고 대답한다. 숀은 다시 말한다. '네 탓이 아니야!' 윌은 매우 어색해하며 다시 안다고 대답한다. 그러자 숀은 '아니, 너는 몰라. 네 탓이 아니야!'라고 다시 반복했다. 윌은 처음으로 누군가에게 위로받고 싶다는 강렬한 열망을 느끼는 동시에 그런 자신을 당황스러워한다. 그래서 자신에게 다가와 어깨를 잡으며 네 탓이 아니라고 주문을 외듯 반복하는 숀에게 화를 내며 그의 손을 뿌리쳤다. 숀은 물러서지 않고 '네 잘못이 아니었다'고 말하며 윌의 머리를 쓰다듬어 준다.

내 마음의 방은
몇 개인가

그러자 그 순간 터져나오는 눈물을 참고 있던 윌은 숀을 부둥켜안으며 통곡을 하고 만다. 윌은 숀의 품에서 하염없이 눈물을 흘리며 모든 상처를 깨끗이 씻어낸다. 그 후 윌은 램보 교수가 추천해준 회사에 취직을 하고, 헤어졌던 여자 친구를 만나러 떠난다. 숀 교수의 '오직 하는 마음'은 구제불능의 윌 헌팅을 '굿 윌 헌팅'으로 변화시켰던 것이다.

시지프스의 바위

나는 역사와 신화 속에서 자신의 운명에 용감하게 맞선 수많은 인물들을 알고 있지만, 그리스 신화에 나오는 시지프스보다 더 용감한 사람은 없을 거라고 생각한다. 그는 감히 신들에게 맞선 사람이었으니까. '인간 중에서 가장 현명하고 신중한 사람'이었다는 시지프스는 헤르메스와 심지어 제우스의 범죄까지 폭로하여 신들의 큰 노여움을 산다. 시지프스는 자신을 저승으로 데리러 온 죽음의 신 타나토스와 저승 세계의 왕이었던 하데스마저 농락하다가 끝내 저승으로 잡혀간다. 하데스는 인간인 주제에 신들을 농락했던 시지프스에게 가혹한 형벌을 내리는데, 그것은 골짜기에 있던 큰 바위를 영원히 산꼭대기로 밀어올리는 것이었다. 산꼭대기로 올려놓으면 바위는 어김없이 산 밑으로 굴러떨어졌다. 시지프스는 영겁의 시간 동안 바위를 밀어 올려야 하는 끔찍한 형벌을 받게 되었다.

안간힘으로 바위를 꼭대기로 올려놓은 순간 여지없이 굴러떨어지는 바위를 바라보는 것도 잠시, 다시 아래에 내려가 있는 바위를 향해 산을 내려오는 시간은 시지프스에게 가장 절망스럽고 참혹한 시간이었을 것이다. 그런데 말이다. 나는 우리가 살고 있는 삶이라는 게 시지프스처럼 자기의 바위를 끝없이 산으로 밀어올리는 일이 아닌가 싶다. 특히 너의 등에는 입시라는 엄청난 무게의 바위가 얹어져 있고 너희들 앞에는 십대라는 훨씬 가파른 산이 버티고 있는 것이라고 봐야겠다. 그래, 잔인한 말인지 모르겠지만 나는 너에게 입시만 끝나면 바위가 없어질 거라고 말하고 싶지는 않다. 그 후에도 '취업'이라는 바위, '생존 경쟁'과 '책임', '고독감' 등의 바위가 너를 기다리고 있을 테니까 말이다.

그러나 우선 입시라는 바위에 주목해보자. 네가 이 바위를 잘 밀어올릴 수 있다면 다른 바위들도 넉넉하게 들어올릴 수 있는 능력과 지혜를 배우게 될 거라고 나는 믿는다. 이쯤에서 시지프스에 대해 대단히 탁월하고 독창적인 해석을 내렸던 프랑스의 실존주의 소설가 카뮈를 소개하고 싶다. 카뮈는 시지프스가 산을 내려오는 시간을 우리처럼 절망과 고뇌의 시간으로 해석하지 않았다. 그는 시지프스가 굴러 떨어진 바위를 향해 산을 내려오는 시간이야말로 휴식의 시간이며 깨어 있는 시간이라고 말했다. 감히 신들에게 맞서서 두려움 없이 도전했던 자 시지프스는 다시 내려갈 것을 알면서도 바위를 밀어올리는 사람이었기 때문이다. 산꼭대기에서 어김없이 되돌아오는 산 밑으로의 휴식과 깨어 있음의 시간은 그에게 신들의 영역으로 한 발 한 발 다가가는 순간이었고, 그 순간마다 시지프스는 자신의 운명보다 높은 곳에 있는 존재가 될 수 있었다.

조금 이해하기 어렵니? 15장의 아킬레스와 연관지어 생각해보면 어떨까? 아킬레스나 헥토르처럼 자신이 죽을 거라는 것을 알면서도

내 마음의 방은
몇 개인가

고귀한 정신의 힘으로 운명과 맞서 죽음 속으로 들어감으로써 죽음을 극복할 수 있는 인간만이 숭고할 수 있다고 했던 말 기억나지? 마찬가지로 다시 굴러떨어질 것을 알면서도 끊임없이 바위를 밀어올릴 수 있는 사람 시지프스는 스스로 신들과 맞서서 그런 형벌 속으로 들어간 사람이었고, 산을 내려오는 그 짧은 시간에 깨어 있을 수 있는 사람이었기 때문에 자신의 운명보다 우위에 있는 존재가 될 수 있었다.

아직도 무슨 뜻인지 잘 모르겠다고? 이게 적절한 비유가 될지 모르겠지만 내가 들려주는 이야기를 의식의 치환이라는 관점에서 이해해주기 바란다. 많은 사람들이 시지프스에게 산을 내려오는 시간이 또다시 밀어올려야 하는 바위를 향해 걸어가는 참혹한 절망의 시간이었다고 생각했을 때, 카뮈는 그 시간이야말로 신들의 영역으로 다가가는 시간이며 운명보다 높은 곳에 있음을 자각하는 희열의 순간이라고 생각했잖니? 자, 똑같이 산을 내려오는 일이었는데 의식의 깨달음에 의해서 이처럼 극명하게 차이가 날 수 있다는 것을 나는 연애를 하면서 경험한 적이 있었다.

네 어머니에게는 또 미안한 일이지만 11장에서 언급했던 첫사랑에 대해서 다시 얘기를 꺼내야겠다. 사랑에 빠진 사람들에게 어김없이 찾아오는 고통 중 '항상 함께 할 수 없는 것'으로 인한 고통이 있지 않니? 나 역시도 첫사랑에 빠졌던 다른 사람들처럼 미경이와 항상 같이 있고 싶은 마음이 간절했다. 그래도 매주 교회에서 볼 수 있었고 보고 싶으면 전화해서 만날 수 있었던 때는 견딜 수 있었는데, 미경이가 마산으로 이사간 후부터는 한 달에 한 번 보기도 어려웠기 때문에 그 고통이 훨씬 커졌다. 달콤한 해후 뒤에 미경이는 어김없이 마산행 고속

버스를 타고 떠나갔고, 그 후부터 다시 만나기까지 한 달여의 시간은 내게 참으로 길고도 고통스러웠다.

그런데 어느 눈 내리던 겨울날 마산의 한 바닷가 카페에서 미경이와 커피를 마실 때였다. 두 달 만에 만난 미경이의 얼굴은 더 아름다웠고 눈빛은 흰눈처럼 맑고 포근했었다. 우리는 밀린 정담을 나누면서 서로를 향한 순수한 사랑과 바다처럼 깊은 신뢰를 느끼며 마음이 충만하게 채워지는 걸 느낄 수 있었다. 그러다가 미경이가 잠시 전화를 걸고 오겠다며 자리를 비웠을 때였다. 나는 카페 뒤쪽으로 전화를 걸러 나간 미경이를 기다리다가 문득 이런 생각을 했다.

'내가 서울에서 미경이와 다시 만날 때까지 기다리는 시간도 지금 이 순간과 같은 게 아닐까? 그저 잠시 전화를 걸러 간 미경이를 기다리는 것처럼 서울에서 다음 만남을 기다리는 동안에도 똑같은 마음을 가질 수 있지 않을까?'

그건 깨달음이었고, 의식의 치환이었다. 그날 미경이와 온전히 하나됨을 느꼈던 만남 이후로 서울에서의 내 기다림은 예전의 그것이 아니었다. 미경이와 다시 만나기까지 기다려야 했던 그 몇 주나 몇 달 동안 내내 미경이는 내게 잠시 전화하러 갔거나 화장실에 간 존재였으니까. 몇 초 후, 또는 몇 분 후 앞자리로 돌아와서 그 흰눈처럼 맑고 순수한 눈으로 나를 바라볼 수 있는 곳에 미경이는 있었고, 내가 기다리는 시간은 언제나 그렇게 '잠시'일 수 있었다.

왠지 좀 억지라고 생각되니? 네가 언젠가 참된 사랑을 하게 된다면 그때는 이해할 수 있을 거라고 해두자. 자, 이제 네 얘기를 하자꾸나. 이 아름답고 소중한 십대에 입시라는 무거운 바위덩어리를 밀고

가파른 산을 오르고 있는 너. 그래, 시지프스에게 산을 내려오는 시간이 있었듯이 네게도 분명 다시 굴러떨어진 바위를 향해 내려가는 시간이 있을 것이다. 나는 그 순간에 네가 카뮈처럼 생각할 수 있는 사람이 된다면 좋겠다. 산을 내려오는 시간에 고단한 마음으로 깨어 있을 수 있고 영혼이 쉴 수 있는 사람에게만 자신의 운명보다 높은 곳에 설 수 있는 기회가 허락된다. 연인을 기다리는 몇 달이라는 시간이 '잠시'로 바뀐 것처럼, 참혹한 고통이 운명을 넘어선 자부로 치환된 것처럼, 또다시 들어올려야 할 바위를 향해 걸어 내려가는 시간에 깨어 있을 수 있는 영혼에게는 그 바위가 '입시지옥의 바윗덩이'만은 아닐 거라고 생각한다. 그럼 그건 어떤 바위일까? 솔직히 나는 잘 모르겠구나. 불행하게도 너와 같은 시절에 나의 영혼은 잠자고 있었기 때문에 말이다. 염치없는 말이지만, 네가 찾아서 내게 들려주려무나. 그게 어떤 바위인지…….

짚신이 부처다

네게 참된 마음자리를 찾아주기 위해서 떠났던 여행이 이런 곳에서 마무리를 짓게 될 줄은 나도 미처 생각하지 못했다. 지금도 변함없는 기독교인인 내가 불교 선사님들의 가르침 자리에 다다르게 되었다는 게 이상한 일일지도 모른다. 하지만 나는 불교를 종교라고 생각하지 않는다. 나는 '붓다의 가르침'이라는 고귀한 철학 역시 하나님이 인류에게 허락하신 뜻 깊은 선물이라고 생각한다. 마지막 예화로 '석두(石頭)' 스님의 이야기를 들려주고 싶다.

석두 스님은 이름 그대로 경전이나 참선을 도무지 이해하지 못했던 '돌대가리' 스님이었다. 그래도 불법을 깨닫고자 하는 뜨거운 열정을 갖고 있었던 석두 스님은 선사님을 찾아가 '부처가 무엇입니까?'라고 물으며 가르침을 구했다. 선사님은 '즉심시불(卽心是佛)', 곧 '마음이 부처'라고 대답했다. 그런데 한자에 무지했던 석두 스님은 그 말을 '짚신시불'로 잘못 알아듣고는 '짚신이 부처'라고 굳게 믿게 되었다. 그 후 석두 스님은 오직 한 마음으로 '짚신이 부처'라는 화두를 붙들고 씨름을 했다. 3년이 지났을 무렵 석두 스님은 땔감을 실은 지게를 지고 산을 내려오다가 돌부리에 걸려서 넘어지던 중 짚신이 공중으로 튀어오르는 모습을 보게 된다. 그리고 짚신이 땅바닥에 떨어져 망가지는 걸 본 순간 '깨달음'을 얻었다고 한다.

솔직히 말하면 나의 짧은 지식으로 그 일화를 온전히 이해할 수는 없었다. 다만 그 이야기가 내 가슴에 크게 와닿았던 것만은 분명한 사실이었다. 나는 땅바닥에 떨어져 망가졌던 '짚신'을 '생각'이라고 나름대로 해석했다. 석두 스님은 짚신이 망가진 모습을 본 순간, 자신을 사로잡고 있던 '생각'을 완전히 깨뜨렸던 것이다.

오직 웃는 마음

이제까지 네게 많은 얘기를 들려주었지만, 그동안 나는 내 자신에게도 한 가지 약속을 하게 됐다. 그건 석두 스님이 온 힘을 다해 '오직 짚신이 부처'라는 마음을 지켰던 것처럼, 나도 '오직 웃는 마음'을 일평생 지키겠다는 거였다.

네게 전에도 웃음에 대해서 얘기를 해주었지만, 실제로 일상생활 속에서 웃음을 잃지 않고 산다는 건 말처럼 그렇게 쉬운 일이 아니었다. 가슴 속이 노여움으로 가득 찼을 때, 마음에 어떤 빛도 보이지 않고 캄캄한 어둠뿐이었을 때, 믿었던 사람의 배신으로 치를 떨어야 했을 때, 정작 웃음이 필요했던 건 그런 때였는데 나는 그때마다 웃음을 놓쳐버리고 말았다. 마음속으로 웃음이 들어올 수 있는 빈 공간이 필요했던 건 그때였는데, 내 마음은 실망감으로 분노로 배신감으로 물샐 틈 없이 꽉 차 있었던 것이다.

하지만 이제는 바로 그런 때에 빈틈을 만들어서 웃음이 마음속으로 새어 들어올 수 있게 하려고 한다. 일단 내가 입가에 웃음을 살짝 짓기만 하면 노여움도 실망감도 좌절감도 내게서 훌훌 떠나가버리는 것이니까. 그런 것들은 본래 나의 '생각' 과 '감정' 이 만들어낸 것들에 불과하니까. '생각' 이란 내려놓기가 어렵지, 일단 살짝 내려놓기만 하면, '짚신이 망가지듯' 홀연히 부서져버리는 것이니까.

그래, 뜻대로 될 때도 뜻대로 되지 않을 때도, 억울한 일을 당했을 때도 화를 내야 할 때도 내가 '오직 웃는 마음' 을 지키고 있는지 네가 두 눈을 크게 뜨고 지켜봐주기 바란다.

가장 위대하고 아름다운 여행

이제 어렸을 적의 네 이야기를 끝으로 우리의 대화를 마쳐야겠다. 네가 세 살 되던 해는 우리 가족에게 암울한 시기였다. 참담한 불행은 사랑스러운 네 동생이 태어나면서 찾아왔다. 예인이를 낳은 후 네 어머니가 산후풍에 걸리고 말았던 것이다. 산후풍은 산후조리를 잘 못한 산모가 걸리는 병이었는데, 온몸에서 바람이 나오는 무서운 병이었다. 네 동생을 낳던 10월 27일은 갑자기 들이닥친 추위로 초겨울 같은 날이었다. 하필이면 이른 아침에 진통이 시작된 네 어머니는 난방이 제대로 준비되어 있지 않은 병원에서 네 동생을 낳아야 했다. 차가운 병실에서 쥐도 새로 모르게 찾아온 산후풍은 네 어머니를 옴짝달싹할 수 없는 환자로 만들어버렸다. 몸에서 쉴 새 없이 차가운 바람이 나왔기 때문에 절절 끓는 방안에서도 네 어머니는 내복을 몇 겹씩 껴입고도 두꺼운 겉옷을 입고 있어야 했다. 그러다가 온몸에 땀이 차서 내복들을 다 벗고 다른 내복을 껴입는 일을 반복해야만 했다. 그러니 네 동생을 돌보는 일은 꿈도 못 꾸었을 뿐만 아니라 집안일도 할 수가 없었다. 덕분에 내가 무척 바빠져야 했다. 퇴근하고 집에 돌아와서 집안 청소를 하고 밥을 차려 먹고 설거지를 하고 난 후 네 동생과 놀아주다 보면 어느새 잘 시간이 되곤 했다.

참 신기한 게 아버지에게도 모성애 못지않은 부성애가 있다는 사실이었다. 솔직히 나는 네가 갓난아이였을 적만 해도 밤에 업어가도 모를 정도로 잠만 자는 아빠였다. 네가 두세 시간마다 깨서 먹을 걸 달라거나 기저귀를 갈아달라고 울어도 그 일들은 모두 네 어머니의 몫이었고 나에게는 딴 세상의 일이었다. 네가 아무리 큰소리로 울어도 나는 그저 조금 뒤척이다가 다시 잠의 세계로 빠져들 뿐이었으니까.

그랬던 내가 네 동생을 온전히 책임져야 할 입장이 되니 전혀 다른 아버지로 거듭나게 되었다. 그렇게도 잠귀가 어두웠던 나였는데 네 동생이 '응애' 하고 울거나 울 기미만 보여도 눈이 번쩍 뜨였다. 녀석은 두 시간에 한 번씩 깨서 내게 배고프다거나 볼 일을 봤다는 것을 알렸다. 그때마다 나는 벌떡벌떡 일어나는 자신을 신기해하며 네 동생을 돌봐주었다.

그날도 날마다 연속되던 집안일을 마치고 네 동생과 놀아주다 보니 어느덧 열두 시가 다 되어 있었다. 늘 찬밥이었던 너는 꾸벅꾸벅 졸며 네 동생에게 분유를 먹이던 내게 찾아와 그림책을 읽어달라고 말했다. 아픈 어머니가 누워 있던 안방은 이미 신성불가침 지역이 돼 있었기 때문에 놀이방에서 혼자 장난감을 갖고 놀다 지친 네가 모처럼 아버지를 찾아와 책을 읽어달라고 했을 때 나는 반쯤 감긴 눈으로 이렇게 말했다. '아빠가 아기 재운 다음에 가서 읽어줄 테니까 놀이방 가서 기다리고 있어라.' 너는 좋아라 하며 '아빠, 빨리 와'라는 말을 남기고 놀이방으로 건너갔다. 그러고 나서 나는 까무룩하게 잠에 빠져들었던 것 같다.

잠결에 웬 여인이 흐느끼는 소리를 듣고 깨보니 새벽 한 시가 넘어 있었다. 나는 그 울음소리의 주인공이 엄마임을 곧 알아차렸다. 거실로 나가보니 네 어머니가 두꺼운 잠바를 걸친 채 놀이방에서 울고 있었다. 내가 왜 그러냐고 묻자 자초지종을 얘기해주었다. 네 엄마가 잠바를 걸치고 화장실을 갔다 오는데 놀이방에서 책 읽는 소리가 들렸다고 한다. 가보니 글자도 모르는 네가 연신 책장을 넘기며 "……했습니다", "……그랬습니다" 하면서 혼자 책 읽는 시늉을 하고 있었던 것이다. 고작 태어난 지 2년 5개월밖에 안 된 녀석이, 아빠가 곧 올 거라는 기대에 부풀어 책 읽는 흉내를 내고 있는 녀석이, 끝내 몸이 아픈 엄마에게는 책을 읽어달라고 조르지 않는 녀석이 그날 네 엄마의 마음을 얼마나 헤집어놓았는지 너는 모를 거다. 네 엄마는 너를 부둥켜안고 하염없이 울었고, 너는 영문도 모른 채 엄마를 따라 울다가 잠이 들었다. 그날 밤엔 네 엄마도 나도 밤새도록 잠을 이룰 수가 없었다. 천사처럼 아름다운 네 마음에 감동을 받아서 먹먹해진 가슴이 자꾸만 북받쳐 올라 멀리 달아나버렸던 잠은 끝내 돌아오지 않았다.

네 어머니와 내가 가끔 그때 일을 얘기할 때마다 너는 하나도 기억이 안 난다고 말했잖니? 네가 기억조차 나지 않는 그날의 네 마음은 어떤 마음자리였을까? 나는 우리가 이제까지 함께 찾아왔던 '참된 마음자리'가 그날의 네 마음이었다고 생각한다. 당연한 말이겠지만 그날도, 지금도, 앞으로도 '참된 마음자리'는 네 속에 있단다. 너는 이제 홀로 그 자리를 찾아가는 여행을 해야 하는 거다. 아무도 대신 찾아줄 수가 없다. 내가 이제까지 네게 들려준 말들은 허공에 쓴 지도쯤 될까? 이쯤에서 영화 〈티벳에서의 7년〉에 나오는 대사를 떠올려보자.

"인생에서 가장 위대하고 아름다운 여행은 곧 자신을 발견하는 모험 속에 있다."

언제나 네 마음이 세상을 있는 그대로 비추는 깨끗한 거울과 같은지 칼날 같은 마음으로 깨어서 지켜보거라.

내 마음의 방은 몇 개인가

1판 1쇄 펴냄 2008년 1월 25일
1판 3쇄 펴냄 2010년 10월 22일

지은이 손병일

주간 김현숙
편집 변효현, 김주희
디자인 이현정, 전미혜
영업 백국현, 도진호
관리 김옥연

펴낸곳 궁리출판
펴낸이 이갑수

등록 1999. 3. 29. 제300-2004-162호
주소 110-043 서울특별시 종로구 통인동 31-4 우남빌딩 2층
전화 02-734-6591~3
팩스 02-734-6554
E-mail kungree@kungree.com
홈페이지 www.kungree.com

ISBN 978-89-5820-120-5   03180

값 9,500원